Francine Oomen

Rosas schlimmste Jahre

Wie überlebe ich meine durchgeknallten Eltern?

Francine Oomen

ROSAS schlimmste Jahre

Band 5

Wie überlebe ich meine durchgeknallten Eltern?

Aus dem Niederländischen
von Sonja Fiedler-Tresp

Ravensburger Buchverlag

Bibliografische Information der Deutschen Nationalbibliothek:

Die Deutsche Nationalbibliothek verzeichnet diese Publikation
in der Deutschen Nationalbibliografie.
Detaillierte bibliografische Daten sind im Internet
über **http://dnb.d-nb.de** abrufbar.

MIX
Papier aus verantwortungsvollen Quellen
FSC
www.fsc.org
FSC® C014496

**Das für dieses Buch
verwendete FSC®-zertifizierte Papier liefert
Arctic Paper Mochenwangen GmbH**

4 11

Umschlag und Innenillustrationen: Constanze Guhr
Umschlagkonzeption: Sabine Reddig

Printed in Germany

ISBN 978-3-473-35300-2

www.ravensburger.de

Neues aus Rosas Welt

Von: Rosa van Dijk <rosa_vandijk@hotmail.com>
Gesendet: Donnerstag, 13. Februar 17:33
An: Vincent van Gelderen <nose@hotmail.com>
Betreff: Neues aus Rosas Welt

Liebster Nose,
warum dauert es nur so schrecklich lange, bis wir uns wiedersehen! Unser letzter Kuss ist jetzt schon 68 Tage, 4 Stunden, 3 Minuten und 33 Sekunden her. Also eine Ewigkeit. Warum, oh, warum liegt Groningen nicht hier am Ende der Straße? Oder meinetwegen auch eine halbe Stunde mit dem Fahrrad entfernt?
Warum habe ich keinen Hubschrauber? Warum ist Zugfahren nicht kostenlos? Warum können wir uns nicht hin- und herbeamen wie die bei Star Trek?
Zum Glück hast du jetzt einen eigenen Computer,

das macht mein Leid etwas erträglicher. He, Idee! Wir könnten uns eine Webcam zulegen! Dann können wir uns zumindest verliebt in die Augen schauen und den Monitor abknutschen.
Und bis es so weit ist, mache ich mir aus einem deiner Fotos einen Bildschirmschoner.
Ich habe leider kein Foto für dich. Wir haben keine Digitalkamera und meine Mutter will auch keine kaufen. Wir müssen sparsam sein, sagt sie. Sparsam sein ist so langweilig!
Ich habe echt tierische Geldprobleme. Ich kriege nur zwanzig Euro Taschengeld im Monat, das ist natürlich viel zu wenig, vor allem, wenn man verliebt ist.
Ich brauche ja nur einmal mein Handyguthaben aufzuladen und schon bin ich pleite. Und wenn ich dich zwei- oder dreimal anrufe, ist meine Karte sowieso schon wieder leer.
Das ist auch der Grund, warum du heute noch nichts von mir gehört hast. Und das normale Telefon darf ich gerade nicht mehr benutzen. Ich musste meine Mutter wiederbeleben, als die letzte Rechnung gekommen ist.
Ich sehe nur eine einzige Lösung: Ich muss mir einen Job suchen. Alt genug dafür bin ich ja. Meine Freundin Carmen arbeitet auch schon. Sie füllt Regale im Supermarkt auf, genau wie du. Stelle ich mir langweilig vor (außer in der Chips-, Süßigkeiten- und Keksabteilung natürlich). Ein anderes Mädchen aus meiner Klasse trägt Zeitungen aus. Im Sommer und im Winter, sogar

bei Ekelwetter. Und dann wird sie auch noch regelmäßig von bösartigen Hunden angekläfft. Sie verdient echt eine Medaille. Ein anderer Junge schält Blumenzwiebeln bei seinem Onkel in Nordholland. (Ehrlich gesagt habe ich überhaupt keine Ahnung, was man da macht. So was Ähnliches wie beim Kartoffelnschälen vielleicht?) Stell ich mir jedenfalls auch nicht sehr aufregend vor. Die tollen Jobs liegen nicht gerade auf der Straße. Und ich bin leider auch noch nicht als Fotomodell oder Filmstar entdeckt worden.
Das heißt also, dass ich noch eine Weile in Sack und Asche gehen muss.
Mein größter Trost ist zum Glück kostenlos: dein super Graffiti an der Hauswand gegenüber: NO FEAR! Ich schaue es mir sehr oft an. Es ist wirklich das schönste Geschenk meines Lebens.
Ich muss immer wieder an den Tag damals zurückdenken. Du auch? Es ist, als würde mein Kopf ständig denselben Film abspulen (meistens sogar in Zeitlupe, untermalt von einem romantischen Lovesong):
Es klingelt an der Tür. Ich öffne nichts ahnend, zufällig in ein atemberaubendes Abendkleid gehüllt, meine Haare wallen glänzend über meine gebräunten Schultern. Meine Haut ist makellos und seidenglatt. Ich reiße meine himmelblauen Augen auf, schlage die Hände vor meine rosa geschminkten Lippen und stoße einen nach Pfefferminz duftenden Schrei aus, als ich mitten in einen riesigen Strauß roter, süßlich duften-

der Rosen blicke. Als ich dazwischen deine anbetungswürdige Nase entdecke, werde ich damenhaft ohnmächtig vor lauter Glück. Du fängst mich sanft und mühelos auf und legst mich auf das Sofa. Ich komme zu mir und schaue in deine grün-braunen Augen mit den goldenen Pünktchen darin. Du strahlst mich an und deine Zähne leuchten weiß. (Die Musik wird jetzt lauter.) Während mir Tränen des Glücks über die Wangen laufen, schiebst du mir einen Zwanzig-Karat-Glitzerring über den Finger.

Ich habe die Geschichte ein kleines bisschen abgewandelt, wie du siehst. Die Wirklichkeit war aber auch so schrecklich, dass ich versuche, sie so gut wie möglich zu verdrängen:

Es klingelt. Misstrauisch öffne ich die Tür einen Spalt, gekleidet in ein ausgeleiertes T-Shirt und eine verschlissene, unglaublich unelegante Jogginghose von meiner Mutter. Fettige Haarsträhnen hängen mir im Gesicht herum. Aus meinem Mund kommt eine Knoblauchwolke, von der sogar ein Nilpferd umfallen würde. Auf meiner Stirn prangt ein Pickel in der Größe des Mount Everest. Dann kreische ich so laut: „WAS MACHST DENN DU HIER?", dass du vor Schreck fast die Treppe runterstürzt. Ich will dir um den Hals fallen, ich stolpere und zerquetsche dich und deine Rosen.

Ich weiß, ich wiederhole mich, aber es war der schönste Tag meines Lebens und ich bin wahnsinnig froh, dass wir uns ausgesprochen haben. Es war unglaublich dumm von mir, mir einzureden, dass es

besser für dich ist, mich nicht mehr zu sehen. Ich war einfach nur schrecklich unsicher, das ist mir jetzt klar geworden.
So, und jetzt folgen die News aus Rosas Welt:
1. Mein kleiner Bruder hat sich in einen Affen verwandelt.
Ich hab nämlich vorgestern mit Abel einen Tierfilm im Fernsehen angeschaut. Aus Spaß habe ich danach einen Affen nachgemacht. Hätte ich wohl lieber gelassen, denn seitdem springt er auf allen vieren durch die Wohnung, ruft laut „U-U-U" und kratzt sich überall. Er hat auch schon versucht, sich an das Bücherregal und die Deckenlampe zu hängen, und er will, dass meine Mutter ihn laust. Sie dreht schon halb durch. Wenn der Junge später psychische Probleme kriegt, bin ich schuld, ganz klar.
2. Ich hatte heute einen erfolgreichen Schultag:
Eine Zwei in Englisch, eine Drei plus in Mathe (Echt, kein Witz! Es war die beste Arbeit der Klasse, ich bin selber beinahe ohnmächtig geworden vor Überraschung!) und eine Eins minus in Kunst(!). In Französisch bin ich dann allerdings aus dem Unterricht geflogen, weil ich versucht habe, dir eine SMS zu schicken. (Nein, du hast sie nicht gekriegt, denn ich musste dabei leider feststellen, dass meine Karte leer ist.)
3. Meine Mutter schluckt seit drei Wochen keine Anti-Depri-Tabletten mehr! Sie hat es mir erst heute Morgen erzählt, weil sie mich nicht beunruhigen

wollte. Ich habe an ihr gar keinen Unterschied bemerkt! Ich hoffe bloß, dass es auch weiterhin gut geht. Sie macht im Moment irgend so eine asiatische Sportart, deren Namen ich mir nicht merken kann. Wahrscheinlich hackt man dabei anderen Leuten mit einem Schwert Arme und Beine ab. Sie sagt, dass sie davon ruhig und ausgeglichen wird.
Sie will sich wirklich ändern, das ist nicht zu übersehen. Langsam fängt sie wieder an, sich wie eine normale Mutter zu benehmen. Manchmal benimmt sie sich fast schon zu normal! *Rosa, räum dein Zimmer auf. Rosa, geh nicht so spät ins Bett, guck nicht so viel Fernsehen, wirf deine schmutzigen Klamotten unter das Bett und nicht in die Waschmaschine ...* (Ach nein, ich glaube, es war andersrum.) Sie drängt mich auch ständig, dass ich Marieke und meinen Vater besuchen soll, um das neue Baby anzuschauen. Also dazu habe ich überhaupt keine Lust!
4. Ich vermisse dich! Ich vermisse deine süßen Segelohren, die goldenen Pünktchen in deinen Augen, deine viel zu langen Zehen und alles, was dazwischen ist :-). Und dein Inneres nicht zu vergessen! Deine Lymphdrüsen, deine Bauchspeicheldrüse, deine Langerhans'schen Inseln. Und vor allem: dein gewaltiges, megabrillantes Nosie-Hirn und dein wild klopfendes Herz :-).
Wenn das keine echte Liebe ist! (Nein, bloß eine durchgeknallte Rosa, die in Bio zufällig mal aufgepasst hat.)

Nächste Woche sehe ich dich zum Glück wieder! Dann werde ich dich komplett platt drücken, festhalten und nass knutschen, sei lieber darauf vorbereitet. Schade, dass du mitten in der Woche kommst und du nur für einen Tag bleiben kannst. Bist du schon aufgeregt wegen deines Vorstellungsgesprächs an der Rietveld-Akademie?
Nicht zu fassen, dass du in ein paar Monaten schon mit der Schule fertig bist und zu Hause ausziehst! Das ist der erste Schritt in Richtung Altersheim. :-)
Später mehr, ich habe dir nämlich noch lange nicht alles erzählt.

XXXXXXXXXXXXXXXXXXXXXXX von deiner Rosie

„Rosa, komm schnell!"

„Mama, was ist los? Warum schreist du so? Ich hab mich fast zu Tode erschrocken! Ist irgendwas Schlimmes passiert?"

Rosas Mutter steht mit leichenblassem Gesicht im Wohnzimmer und starrt auf einen Brief in ihrer Hand. Abel sitzt neben ihr auf dem Boden und wühlt begeistert in ihrer Handtasche. Sie merkt es nicht einmal.

„Jetzt sag schon!" Rosa läuft zu ihr. „Ist jemand gestorben? Sind wir pleite?"

Da schreit ihre Mutter laut auf und wirft den Brief in die Luft. Sie packt Abel, zieht ihn hoch und wirbelt ihn lachend herum.

Der Lippenstift, den er gerade in der Hand hatte, fliegt

quer durchs Zimmer. „Pleite? Nein, ganz im Gegenteil. Wir sind reich! Rosa, wir sind reich!“

Rosa starrt ihre Mutter völlig baff an. „Reich? Wieso das denn? Haben wir im Lotto gewonnen?“

„Reich, reich, reich!“, jubelt ihre Mutter. Sie setzt Abel ab und umarmt Rosa. „Rosa, wir sind unsere Sorgen los!“

Schnell schnuppert Rosa den Atem ihrer Mutter. Nein, sie hat nicht getrunken.

Dann lässt ihre Mutter sie los, lässt sich aufs Sofa fallen und bricht in Tränen aus.

„Mama!“ Rosa sieht sie bestürzt an. Oh nein. Genau so was hat sie befürchtet. Ihre Muter hätte die Tabletten doch nicht absetzen sollen!

Sie bückt sich und hebt den Brief auf. „Hoekstra und Van Dongen, Versicherungen“, liest sie laut. „Hiermit teilen wir Ihnen mit, blablabla ... Alexander de Wit, blablabla ... verstorben am ... Lebensversicherung ... Was steht hier, Mama? Was hat das zu bedeuten?“

Abel hat inzwischen den Lippenstift wiedergefunden und versucht, seiner Mutter auf den Schoß zu klettern. Er hat sich rote Streifen auf Nase und Wange gemalt.

Rosas Mutter lacht unter Tränen und hebt ihn hoch. „Ach, Abel, ach, Alexander ...“

Rosa setzt sich neben sie und legt ihrer Mutter beruhigend den Arm um die zuckenden Schultern. „Was bedeutet das alles, Mama?“ Sie zieht ein Taschentuch aus der Hosentasche. „Hier.“

Ihre Mutter putzt sich die Nase. „In dem Brief steht,

dass Alexander eine Lebensversicherung hatte und … und dass die Versicherung einen Riesenbatzen Geld an uns auszahlt."

Golden Girl

Von: Rosa van Dijk <rosa_vandijk@hotmail.com>
Gesendet: Donnerstag, 13. Februar 22:22
An: Vincent van Gelderen <nose@hotmail.com>
Betreff: Umzugsalarm!

Wusstest du, dass sich dein Leben innerhalb einer einzigen Minute komplett ändern kann? Halt dich gut fest, es ist nämlich etwas Unglaubliches geschehen! Wir haben einen Haufen Geld von Alexanders Lebensversicherung gekriegt!
Uff ... ich habe mich immer noch nicht ganz von diesem Schrecken erholt. Wir sind jetzt reich! Wir kriegen einfach so unglaubliche 350 000 Euro! Ich wusste nicht mal, dass Affenarsch so eine Lebensversicherung hatte!
Und jetzt kommt der nächste Hammer: Meine total durchgeknallte Mutter will von dem Geld ein altes

Haus an einer Gracht im Zentrum von Amsterdam kaufen.
Nein, nicht etwa einen schicken rosa Hubschrauber für ihre Tochter, nicht etwa Berge von neuen Klamotten. Keine Diamantohrringe und keine Reise nach Hawaii, sondern ein Haus. Ganz toll.
Obwohl ... Unsere Wohnung ist echt zu klein und die Gegend ist nicht gerade die beste, wie du ja gesehen hast.
Weißt du, einerseits stelle ich es mir cool vor, in einem Haus an der Gracht zu wohnen. Ich war jetzt ein paarmal in Amsterdam und ich habe mich total in die Innenstadt verliebt. Amsterdam ist so schön! Aber andererseits – wenn wir hier wegziehen, muss ich garantiert wieder die Schule wechseln. Und das will ich nicht!
Ich habe in der Zeitung nachgeschaut, was ein Grachtenhaus kostet. Viel mehr als 350 000 Euro!
Ich habe das Mama gleich mitgeteilt. Schluss mit dem Umzugsalarm, hoffe ich. Ich werde mal im Internet nachgucken, was ein hübscher kleiner rosafarbener Hubschrauber kostet. Gibt es bei euch in der Nähe eigentlich einen Hubschrauberlandeplatz?
Ach ja ... ich habe noch was vergessen, Nosie. Ich vermisse deine schönen langen Wimpern, deine grandiosen Gene und auch deine Chromosomen.

Viele XXXXX und Knuddelknuddel
von deinem Golden Girl Rosie

Rosa geht zum Fenster und betrachtet das Graffiti, das Nose gesprüht hat. NO FEAR! Sie hat noch immer das Gefühl zu träumen. Nicht zu glauben! Vor ein paar Stunden hat sie noch darüber gejammert, dass sie so wenig Geld haben, und jetzt sind sie auf einmal reich. Dreihundertfünfzigtausend Euro! Was man damit alles machen könnte!

Und dann haben sie das Geld auch noch von jemandem bekommen, den Rosa gehasst hat. Na ja, gehasst ... Am Anfang ist ihr Stiefvater Alexander ja ganz nett gewesen. Er hat mit ihr für die Schule gelernt und war lieb zu Abel. Aber nach und nach hat er sich verändert. Es musste immer alles nach seiner Nase gehen, sein Wille war Gesetz und ihre Mutter hat es einfach geschehen lassen. Rosa läuft es kalt den Rücken runter, wenn sie an Alexander und seine Wutausbrüche zurückdenkt.

Schade, dass sie jetzt nicht mit Nose reden kann. Ihr gehen so viele Gedanken durch den Kopf!

Ping, macht der Computer. Drei neue Mails! Rosa macht einen Luftsprung und eilt an ihren Schreibtisch.

Von: Vincent van Gelderen <nose@hotmail.com>
Gesendet: Donnerstag, 13. Februar 22:48
An: Rosa van Dijk <rosa_vandijk@hotmail.com>
Betreff: Golden Girl

Liebe, schöne, wohlgelehrte Bio-Champ-Rosie,
komme gerade aus dem Kino. (Der Film war richtig gut – viele Autocrashs, Explosionen und abgehackte

Körperteile.) Hilfe, ich bin fast vom Stuhl gefallen! Was für ein Glück, wie cool, wie unglaublich! Ich habe jetzt also ein Golden Girl zur Freundin!
Ich freue mich echt total für euch. Und ich finde die Idee deiner Mutter super, in die Amsterdamer Innenstadt zu ziehen. Die Gegend, in der ihr jetzt wohnt, ist echt nicht so toll. Ich mache mir oft ziemliche Sorgen um dich.
Dass du schon wieder die Schule wechseln musst, ist natürlich Mist. Aber man muss Prioritäten setzen ...
Bevor ich es mit meinem fast schon vergreisten Gehirn vergesse: Ich vermisse dich auch ganz schrecklich! Ich vermisse den Geruch deiner Haare, das Glänzen deiner himmelblauen Augen, deine schöne Stimme, deine zarten Pfirsichwangen. Ich vermisse sogar die großartige Jogginghose deiner Mutter (natürlich mit deinem Hinterteil darin), die Gebirge auf deiner Stirn und deinen wohlriechenden Knoblauchatem.
Seufz ... Noch eine ganze Woche, bevor meine Lippen deine wieder berühren können. Wie soll ich das überstehen?
Übrigens werde ich mich auch an der Kunstakademie in Rotterdam bewerben. Es wäre ziemlich bescheuert, wenn ich mich auf Amsterdam festlege und da nicht genommen werde. Dann muss ich für den Rest meines Lebens Supermarktregale einräumen. Ich könnte natürlich meine Spraydosen mitnehmen und die Regale verschönern ... Ich könnte aus Waschpulverpackungen Kunstobjekte machen oder künstlerisch

wertvolles Klopapier, das man sich an die Wand hängen kann. Oder Marmeladengläser mit schönen Graffiti-Etiketten? Die nenne ich dann „Erdbeere à la Nose Superkünstler".
Und jetzt mal im Ernst: Ich bin schon der Meinung, dass du das Baby deines Vater mal anschauen solltest. Ich verstehe ja, dass es schwierig für dich ist, und vermutlich bist du auch ein bisschen eifersüchtig, aber es ist doch deine Halbschwester!
Und in noch größerem Ernst: Du hast bald Geburtstag! Sweet sixteen! Machst du eine Fete? Ja, natürlich! Sechzehn wird man nur einmal. Eine Golden-Glitter-Party. Du könntest Joss Stone als Sängerin buchen. Ihr seid doch jetzt reich! Cola für die Gäste, dazu ein Springbrunnen mit Champagner, eine goldene Halfpipe für die Skater und eine vierzehnstöckige rosafarbene Marzipantorte, besprüht mit essbaren Graffitis …

Viele XXXXXXXXXXXXXXXXXXXXXXXXXXXXXXXXXXXXX
XXXXXXXXXXXXXXXXXXXXXXXXXXXXXXXXXXXXXXXXXX
XXXXXXXXXXXXXXXXXXXXXXXXXXXXXXXXXXXXXXXXXX
XXXX von deinem Vincent, seiner Nase, seinen Segelohren und seinen Langenhans'schen Inseln (Wo waren die doch gleich? Keine Ahnung.)

PS: Ja, ich weiß, dass sich das Leben innerhalb einer Minute komplett verändern kann. Als ich dich zum ersten Mal geküsst habe, zum Beispiel.

PPS: Ich habe ein neues Foto von mir angehängt. :-)
Ich hoffe, dass ihr euch jetzt bald eine Digicam kauft, damit ich dein hübsches Gesicht auf dem Bildschirm bewundern kann.
PPPS: Schlaf gut, Rosilein, und träum von mir.
Love you supermuch!

Rosa öffnet das Foto im Anhang. Auf dem Bildschirm erscheint Nose. Er steht mit seinem Skateboard vor einer besprühten Wand. BE YOURSELF!, entziffert sie. Es ist ein tolles Piece, richtig schön bunt. Nose trägt ein knallrotes Shirt mit Kapuze, die er sich über seine dunklen Locken gezogen hat. Er grinst und streckt den Daumen hoch. Rosa lacht. Sie ist ein Glückspilz, weil sie ihn hat!

Innerhalb von Sekunden hat sie das Foto als Bildschirmschoner auf ihrem Computer installiert.

Sie pustet einen Kuss auf den Monitor. Dann öffnet sie die nächste Mail.

Von: Jonas de Leeuw <jdl@xs22.nl>
Gesendet: Donnerstag, 13. Februar 22:50
An: Rosa van Dijk <rosa_vandijk@hotmail.com>
Betreff: Fischkopp-Blues

Vergessen

Vergessen, ganz vergessen hat sie mich.
Einst war ich der Beste, der Liebste.
Jetzt liebt sie nicht mehr mich,

sondern einen Fischkopp
aus dem Groninger Land.
Einen Künstler, mit Spraydose in der Hand.
Nein, sie hat wirklich gar keinen Verstand.
Wer schießt schon einen so tollen Dichter in den Wind?
Sie wird es noch bereuen, das liebe Kind.

Hochachtungsvoll,
Jonas, der Schluchzende

Rosa grinst. Jonas ist echt klasse. Sie mag ihn total gern.

Die dritte Mail ist von Esther. Wie witzig, dass ihr alle drei fast gleichzeitig geschrieben haben.

Von: Esther Jacobs <esther@xs42.nl>
Gesendet: Donnerstag, 13. Februar 22:52
An: Rosa van Dijk <rosa_vandijk@hotmail.com>
Betreff: Kontakt, plies!

Sehr verehrte Frau Rosenstrauch,
dass ich einem gewissen Vincent van Gelderen deine Adresse gegeben und euch dadurch wieder zusammengebracht habe, war vielleicht doch keine so gute Idee.
Seit ihr wieder ein Paar seid, hört man gar nichts mehr von dir. (Jedenfalls fast nichts. Auf jeden Fall viel weniger als früher!)
Darum dachte ich mir, dass du diese Survival-Tipps vielleicht gut gebrauchen könntest:

Wie erhältst du deine Freundschaften, auch wenn du einen Freund hast?

1. Egal, wie verliebt du bist, vernachlässige deine Freunde nicht!
2. Schreib deinen Freunden und Freundinnen regelmäßig Mails oder Briefe, ruf sie an oder chatte mit ihnen. Noch besser: Besuche sie!
3. Pärchenromantik ist gut. Aber lass deine Freunde auch weiterhin an deinem Leben teilnehmen.
4. Rosen, Tulpen, Nelken, alle Blumen welken … Du weißt schon.

Viele Grüße von Tante Esther

Also ehrlich! Esther müsste doch eigentlich verstehen, dass sie in letzter Zeit etwas weniger von sich hören gelassen hat!

Rosa beugt sich über die Zeichnung, an der sie gerade arbeitet: ein Herz, in dem ein Junge und ein Mädchen zu sehen sind, die sich küssen. Die beiden sind von Schmetterlingen und Blumen umgeben. Rosa hat schon ihr halbes Geschichtsheft vollgemalt und ihre anderen Hefte auch.

Eigentlich hat Esther ja Recht. Sie vernachlässigt ihre beste Freundin und ihren besten Freund Jonas wirklich ziemlich. Das ist nicht gut. So bald wie möglich wird sie ihnen eine Mail schicken. Sie seufzt und starrt auf Nose' Foto. Mit dem Zeigefinger fährt sie über sein Gesicht auf dem Bildschirm. Oh, wie sehr sie ihn vermisst!

Sie müsste jetzt eigentlich ins Bett gehen, es ist schon

furchtbar spät. Aber wie soll man auch schlafen, wenn man gerade erfahren hat, dass man auf einmal reich geworden ist?

Ihr Geburtstag ... der muss geplant werden. Sie hat schon sehr lange nicht mehr Geburtstag gefeiert. Das letzte Mal, als ihre Eltern noch zusammen waren. Rosa bekommt einen Kloß im Hals. Nicht daran denken.

Wen soll sie einladen?

Nose, Esther, Jonas, Joya, Noa, Carmen, Khalim, Joss Stone, Eminem ...

Und ein paar andere aus ihrer Klasse sind eigentlich auch noch ganz nett. Rosa lacht in sich hinein und zeichnet Ballons mit verrückten Gesichtern um die Namensliste herum.

Wie viele Freunde sie jetzt hat! Ihr Leben hat sich wirklich verändert!

Joss Stone und Eminem sind wahrscheinlich ein bisschen zu berühmt für die Geburtstagsfete eines Mädchens aus der Amsterdamer Vorstadt, aber Khalim aus der Nachbarschaft rappt und ist in einer Breakdance-Gruppe. Vielleicht kann er ja auftreten. Und wo soll die Party steigen? Etwa in ihrer Wohnung? Die ist viel zu klein und zu hellhörig. Und was macht sie mit Abel und ihrer Mutter? Ins Bad einsperren?

Rosa gähnt und streckt sich. Plötzlich erstarrt sie in der Bewegung. Ein schlimmer Gedanke überkommt sie. Sie stellt sich vor, dass niemand auf ihrem Fest erscheint, sie alleine dasitzt und in die Luft schaut, umgeben von Hunderten Chipstüten, einer vierzehnstöckigen Torte und einem Champagnerbrunnen. Dann ist sie blamiert bis ins nächste Jahrtausend.

Entschieden schiebt sie den Gedanken beiseite. Nein, diese unsichere Rosa ist Geschichte! Diese Rosa gibt es nicht mehr!

Rosas Mutter sieht von ihrem Laptop auf, der vor ihr auf dem Esstisch steht. „Hallo, Rosa, ich dachte, du schläfst längst."

„Nein, dafür bin ich viel zu aufgeregt. Ich habe mir ausgemalt, was wir alles mit dem Geld anfangen könnten." Rosa legt die Arme um ihre Mutter und wirft einen kurzen Blick auf den Bildschirm. Eine Makler-Website, mit der Anzeige eines Hauses an der Kaisergracht.

„Guckst du dir jetzt doch Häuser in der Innenstadt an? Warum suchst du nicht hier in der Gegend?"

Ihre Mutter schiebt ihr einen Stapel Ausdrucke zu. „Rosa, ich habe es dir schon mal gesagt: Ich will hier nicht bleiben. Ich finde es schrecklich hier. Schau mal her, was hältst du davon? Diese Häuser sehen fantastisch aus."

Rosa lässt sich neben sie auf einen Stuhl fallen. „Nein, ich gucke sie mir lieber gar nicht erst an. Sind ja eh viel zu teuer. Du machst dir doch nur was vor."

„Das wollen wir erst mal sehen! Ich könnte einen Kredit aufnehmen."

„Und dann ist das ganze Geld futsch! Dann müssen wir genauso sparsam sein wie bisher." Rosa schiebt mit wütendem Gesicht den Papierstapel von sich.

„Rosa, ich würde so viel Zeit sparen, wenn wir in der

Innenstadt wohnen würden. Ich verliere jetzt jeden Tag mehr als eine Stunde durch die Fahrt. Ich könnte dann zu Fuß gehen oder mit dem Fahrrad zur Arbeit fahren. Was für ein Luxus!"

„Hallo?! Kannst du vielleicht auch mal kurz an mich denken? Wenn wir ins Zentrum ziehen, muss ich schon wieder die Schule wechseln! Dabei habe ich hier endlich Freundinnen gefunden!"

„In der neuen Schule findest du auch wieder welche."

Rosa steht auf und fegt wütend die Zettel vom Tisch. „Dir ist schon klar, dass das dann bereits meine vierte Schule ist? Du bist echt total egoistisch!"

Ihre Mutter steht mit gequältem Gesicht auf und sammelt die Blätter ein. „Rosa, schrei nicht so laut, sonst wird Abel wach. Ich will doch nur das Beste für euch."

„Für dich, meinst du."

„Nein, Rosa, du irrst dich. Als Erwachsene überblicke ich die Dinge nun mal besser als ein Kind."

„Ein Kind? Ich bin fast sechzehn! Ich bin kein Kind mehr! Als ob ich nicht wüsste, was gut für mich ist! Das weiß ich besser als du!"

„Nein, mein Schatz, das stimmt nicht. Wirklich nicht."

„Und ob. Du denkst nur an dich selbst. Du hast doch gerade gesagt, dass du es dann näher zur Arbeit hättest. Oder hast du das schon wieder vergessen?" Wütend tritt Rosa gegen das Tischbein.

„He, junge Dame, der Tisch kann nichts dafür!"

„Du versaust mir mein ganzes Leben!"

„Jetzt übertreib mal nicht, Rosa."

„Ich übertreibe nicht! Es ist die Wahrheit!"

„Schatz, jetzt beruhige dich doch. Es ist schon spät, wir sind beide müde. Morgen reden wir weiter, einverstanden?"

„Nein, jetzt!", ruft Rosa und stampft mit dem Fuß auf.

Ihre Mutter klappt den Laptop zu. „Tut mir leid, Schatz, aber ich gehe jetzt ins Bett. Ich muss morgen früh raus."

„Aber Mama! Ich will wirklich nicht ... Jetzt hör mir doch mal zu!"

„Rosa, geh jetzt schlafen."

„Du bist gemein! Denk bloß nicht, dass ich mitkomme! Ich ziehe bei einer meiner Freundinnen ein. Viel Spaß mit deinem neuen Haus und dem blöden Geld! Ich hasse dich!"

Mutter-Mail

Als Rosa am nächsten Morgen gähnend die Küche betritt, ist es ungewöhnlich still.

Für einen kurzen Moment stellt sie sich vor, dass ihre Mutter schon mit Abel weggezogen ist und dass sie hier jetzt alleine wohnt. Der Frühstückstisch ist gedeckt. Auf dem Erdnussbutterglas klebt ein Zettel: *Checke deine Mails!* Neugierig geht Rosa in ihr Zimmer zurück und fährt den Computer hoch.

Von: Heleen Heerema <Heleenh@fastmail.com>
Gesendet: Freitag, 14. Februar 06:30
An: Rosa van Dijk <rosa_vandijk@hotmail.com>
Betreff: Wie überlebe ich meine Mutter?

Liebe Tochter,
ich bin schon zur Arbeit gegangen, ich musste heute früh anfangen.

Ich fand es schrecklich, dass du gestern so durch den Wind warst, Rosa. Ich verstehe sehr gut, dass du Schwierigkeiten mit den ständigen Veränderungen hast. Aber wie du selbst weißt, war unsere jetzige Wohnung immer nur als Übergangslösung gedacht. Glaub mir, wenn wir erst mal mitten im Gewimmel von Amsterdam wohnen, wirst du es großartig finden!

Weißt du, Rosa, mir wäre es natürlich auch lieber, wir hätten ein normales und ruhiges Leben: Vater, Mutter, Kinder, alle immer zusammen, und wenn sie nicht gestorben sind, dann leben sie noch heute. Aber so ist es nun mal nicht.

Doch eines habe ich in meinem Leben gelernt: Dinge, die zunächst negativ erscheinen, können sich als etwas sehr Positives entpuppen. Es ist die Frage, was man aus einer neuen Situation macht!

Meine Beziehung zu Alexander zum Beispiel, die war sehr schwierig, aber ich habe viel aus ihr gelernt.

Und du glaubst es vielleicht nicht, aber ich lerne auch viel von dir. Ich habe irgendwo gelesen, dass nicht nur Eltern die Kinder erziehen, sondern Kinder auch die Eltern.

Ich habe eine Idee.

Warum schicken wir uns nicht gegenseitig Survival-Tipps, so wie du es auch manchmal mit Esther und Jonas machst?

Ich fange gleich mal damit an:

Wie werde ich schlau aus meinen Eltern?

1. Es wirkt immer so, als wüssten Eltern genau, was sie tun. Das stimmt aber nicht.
2. Sie sitzen nachts regelmäßig senkrecht im Bett, geplagt von Zweifeln, Verzweiflung und Schuldgefühlen.
3. Das gilt vor allem für alleinerziehende Eltern, die niemanden haben, mit dem sie sich beraten können. (Kleiner Vorteil: Sie müssen sich auch mit niemandem herumstreiten.)
4. Eltern sind auch nur Menschen. Und manchmal haben auch sie einfach einen schlechten Tag. (Probleme bei der Arbeit, Müdigkeit, schlechte Laune, Stress, Krankheit, Zahnschmerzen, Geldsorgen usw.) Achte auf die Signale (einsilbige Antworten, Nervosität, Ungeduld, Stöhnen und Schnauben, gerunzelte Stirn ...).
5. Beobachte den Biorhythmus deiner Eltern. Vielleicht solltest du deinen Vater abends nicht sofort mit Fragen bombardieren, weil er von der Arbeit erschöpft ist. Vielleicht solltest du deiner Mutter morgens nicht zu nahe kommen, weil sie ein Morgenmuffel ist.
6. Mach dir klar, dass deine Eltern es immer gut mit dir meinen.

Küsse von deiner Mutter und nasse Schmatzküsse von deinem Bruder

Rosa kichert. Dann beginnt sie zu tippen.

Von: Rosa van Dijk <rosa_vandijk@hotmail.com>
Gesendet: Freitag, 14. Februar 07:12
An: Heleen Heerema <Heleenh@fastmail.com>
Betreff: Wie überlebe ich meine Tochter?

Hallo, Mama,
hier kommen meine Survival-Tipps:

Wie verstehe ich meine Tochter?
1. Erinnere dich, wie du gewesen bist, als du so alt warst wie sie.
2. Nörgle nicht so viel an deiner Tochter herum, dagegen ist sie allergisch.
4. Töchter haben manchmal auch einen schlechten Tag. Achte auf die Signale (wütender Gesichtsausdruck, Stöhnen und Schnauben, Türenschmeißen usw.). Wenn sie sich so verhält, hat das einen Grund. In dieser Situation gibt es drei Möglichkeiten:
a) Lass sie eine Weile in Ruhe, bis sie sich wieder normal benimmt.
b) Frag freundlich (vor allem nicht aufdringlich), ob du etwas für sie tun kannst oder was los ist. (Achtung: Wenn sie nicht reden will: Lass sie in Ruhe!)
c) Verwöhn sie, bring ihr Tee, Kekse, Chips, Gebäck und Apfelkuchen, koch ihr Lieblingsessen. Sei auf alle Fälle lieb und verständnisvoll.
5. Versuche zu respektieren, dass deine Tochter ihren eigenen Weg finden will. Lass ihr den Raum dafür und dräng ihr nicht deine eigene Meinung auf.

7. Genau wie ihre Eltern sitzen Töchter nachts regelmäßig senkrecht im Bett, geplagt von Zweifeln, Verzweiflung und Schuldgefühlen (auch wenn sie sich das nicht anmerken lassen).
8. Selbst wenn deine Tochter zu dir sagt: Hau ab! Oder: Ich hasse dich! – sie liebt dich trotzdem sehr. (Sie hat es nur gerade vergessen.)

Nasse Schmatzküsse von deiner Tochter

Rosa läuft schmunzelnd in die Küche. Eigentlich hat sie doch eine ganz passable Mutter. Neben ihrem Teller steht ein Glas frisch gepresster Orangensaft. Sie trinkt es in einem Zug aus.

Mmmmm ... herrlich. Sie setzt sich und macht sich ein Brot. Schön dick mit Erdnussbutter bestrichen.

Dinge, die zunächst negativ aussehen, können sich als etwas sehr Positives entpuppen.

Der Satz geht ihr nicht aus dem Kopf. Das Kinn auf die Hände gestützt starrt sie in den grauen Morgenhimmel vor dem Küchenfenster. Als sie von Den Bosch nach Groningen gezogen sind, war das für sie eine absolute Katastrophe. Aber wenn sie nicht umgezogen wären, hätte sie Nose nie kennengelernt. Die Zeit mit Alexander Affenarsch war fürchterlich, aber ohne ihn gäbe es keinen Abel und sie hätten das viele Geld nicht geerbt.

Als sie erfahren hat, dass sie von Groningen nach Amsterdam ziehen würden, bedeutete das für sie das Ende der Welt. Aber in ihrer jetzigen Schule gefällt es ihr viel besser!

Sie hat drei gute Freundinnen und ist trotz der Entfernung noch mit Nose zusammen.

Vielleicht sollte sie einfach darauf vertrauen, dass die Veränderungen, die jetzt anstehen, auch zu irgendetwas gut sind.

Kein Problem!

„Ehrlich? So viel? Und das ist jetzt kein Witz?“ Carmen und Joya starren Rosa ungläubig an. Rosa nickt mit hochrotem Kopf.

Sie sitzen in der Pause an ihrem Stammplatz auf der niedrigen Mauer am Rand des Schulhofs. Rosa hat sich während der ersten drei Stunden überhaupt nicht konzentrieren können. Sie konnte es kaum erwarten, ihren Freundinnen von der Sache mit Alexanders Lebensversicherung zu erzählen.

„Ja, es ist wirklich wahr“, sagt Rosa mit strahlendem Gesicht. „Und das sollten wir jetzt feiern, mit Keksen und Cola!“

Rosa reicht Carmen eine Packung Kekse und die Cola. „Dreihundertfünfzigtausend Euro ... Irre!“ Carmen schüttelt den Kopf und betrachtet Rosa mit offenem Mund. „Dreihundertfünfzigtausend ... einfach so ... ohne Gegenleistung?“

„Carmen, mach das Scheunentor zu, sonst fliegt dir noch was rein!", sagt Joya lachend.

Carmen pufft Joya in die Seite und reißt mit den Zähnen die Kekspackung auf. Dann steckt sie sich einen Keks in den Mund. „Wow, was man sich davon alles kaufen könnte! Tausend Paar Schuhe, schränkeweise teure Markenklamotten. Einen Rolls Royce mit Chauffeur und ein pinkfarbenes Mofa. Massenweise Schmuck und ... du kannst natürlich auch mal deine Freundinnen zum Shoppen mitnehmen. Oder dachtest du etwa, dass du mit ein paar Keksen und Cola davonkommst, Rosa?"

Rosa seufzt und starrt zu Boden.

„Hey, Chica, warum schaust du plötzlich so düster? Wenn du keinen Spaß an dem Geld hast, kannst du es auch gern mir geben!"

Rosa trinkt einen Schluck Cola. „Weil ich mir all die schönen Dinge an den Hut stecken kann! Meine Mutter will von dem Geld ein Haus kaufen, in der Innenstadt. Nix von wegen pinkfarbenes Mofa und Schmuck. Und das Schlimmste ist, dass ich dann auf eine andere Schule muss."

Die Mädchen sehen sie für einen Moment erstaunt an.

„Ein Haus in der Innenstadt?", fragt Joya.

„Ja, meiner Mutter gefällt es hier nicht. Zu weit zur Arbeit und keine gute Gegend."

„Tja, wenn ich die Wahl hätte, würde ich auch lieber woanders wohnen", sagt Joya.

„In der Innenstadt, das ist doch cool!", ruft Carmen. Sie schüttelt Rosa. „Chica, ein schönes Grachtenhaus! Ist doch super! Schick! Vornehm! Und alles ist gleich um die Ecke: Läden, Kinos, Discos …"

„Ja, aber ihr …"

„Kein Problem! Du kannst doch pendeln, oder?"

Rosa verzieht das Gesicht. „Nein, sieht nicht so aus. Meine Mutter möchte, dass ich auf eine andere Schule gehe."

„Hm", sagt Joya. „Wir haben nur noch ein gutes Jahr bis zur Abschlussprüfung. Du musst sie einfach davon überzeugen, dass unsere Schule nicht schlecht ist. Bei landesweiten Vergleichsarbeiten schneiden wir eigentlich immer ganz gut ab."

„Weiß ich doch", entgegnet Rosa. „Aber das ist eine gute Idee. Ich werde versuchen, sie zu überzeugen."

„Und du musst ihr auch sagen, dass es totaler Blödsinn ist, so kurz vor der Abschlussprüfung die Schule zu wechseln", fügt Joya hinzu.

Rosa nickt.

„Ich find's richtig super, dass du in die Stadt ziehst!", sagt Carmen mit leuchtenden Augen. „Dann können wir am Wochenende ausgehen und bei dir übernachten."

„Ausgehen?"

„He, Chica, auf welchem Planeten lebst du? Gehen die Bauern und Bäuerinnen in Groningen nicht aus? Disco, schon mal gehört? Tanzen!" Carmen springt von der Mauer und tanzt ein paar Schritte.

Rosa lacht. „Doch, na klar. Aber ich geh fast nie aus."

„Was? Mann, Rosa, das ist doch nicht dein Ernst! Ich bin jeden Samstag unterwegs, seit ich fünfzehn bin."

„Aber … du kommst doch nirgendwo rein, wenn du unter sechzehn bist, oder? Du musst doch überall deinen Ausweis zeigen!"

Carmen setzt sich wieder. „Carmelita hat Beziehungen. Im Pink Lagoon. Ein Freund meines Bruders ist dort Türsteher und drückt ein Auge zu."

„Cool! Und mit wem gehst du da hin?"

„Mit meinem großen Bruder und seinen Freunden."

„Und deine Eltern erlauben das?"

„Ja, echt kein Problem. Die anderen passen ja auf mich auf. Glauben meine Eltern jedenfalls, hihi."

„Und geht Noa auch manchmal mit?", will Rosa wissen.

Joya und Carmen schütteln beide heftig den Kopf.

„Apropos Noa, wo steckt sie eigentlich?", überlegt Carmen laut. Tatsächlich haben sie ihre Freundin heute noch nicht in der Schule gesehen.

„Ihre Eltern sind streng, oder?", fragt Rosa weiter.

„Ja, noch viel strenger als meine", sagt Joya. „Sie darf überhaupt nichts. Nicht mal Jungen anschauen, um genau zu sein."

„Uff … hatte sie denn noch nie einen Freund?"

„Ein Mal, aber da hat sie auch tierischen Ärger gekriegt. Jetzt traut sie sich nicht mehr."

„Das ist echt krass …" Nachdenklich trinkt Rosa den Rest ihrer Cola aus. „Aber warum sind ihre Eltern so? Dass sie Muslima ist, kann ja wohl nicht der Grund sein. In anderen muslimischen Familien ist es schließlich ganz anders."

„Nein, das hat sicher andere Gründe“, sagt Joya. „In Noas Familie ist man traditionell besonders konservativ. Ich weiß nicht, wo das herkommt.“

„Verstehst du jetzt, warum es so praktisch ist, wenn du in die Stadtmitte ziehst?“, fragt Carmen. „Vielleicht darf Noa ja bei dir übernachten. Und wir natürlich auch. Du bist unser rettender Engel.“

Rosa wird rot. „Ich werde nächsten Monat sechzehn. Dann komme ich in alle Läden problemlos rein. Ich hätte schon mal Lust, mit ins Pink Lagoon zu gehen.“

Carmen klatscht in die Hände. „Du hast bald Geburtstag? Hurra! Wann?“

„Am 21. März.“

„Gibt’s eine Party?“

„Ja, das habe ich vor, aber ich weiß noch nicht, wo und wie.“

„Feier doch im Pink Lagoon. Hab ich auch gemacht, als ich sechzehn wurde.“

Rosa schaut skeptisch. „Ich bin gespannt, was meine Mutter davon hält. Ich frage sie mal.“

Be Yourself!

Von: Rosa van Dijk <rosa_vandijk@hotmail.com>
Gesendet: Freitag, 21. Februar 16:15
An: Esther Jacobs <esther@xs42.nl>; Jonas de Leeuw <jdl@xs22.nl>
Betreff: Stinkreiche Rosa

Liebe Esthi, lieber Joni,
sorrysorrysorry, dass ich mich erst jetzt bei euch melde. Hier geht es mal wieder drunter und drüber. Stellt euch vor:

1. Wir haben eine Giga-Erbschaft gemacht und sind jetzt stinkreich.
2. Ich musste in den letzten Tagen so ungefähr alle Häuser anschauen, die im Zentrum von Amsterdam zum Verkauf stehen.
3. Nosie war für einen Tag in Amsterdam!

Wir haben ein sehr schönes Haus gefunden, an der Lauriegracht, mitten in der Altstadt. Allerdings kein ganzes Haus, sondern nur das Erdgeschoss und den Keller, der sich „Souterrain" nennt. Schick, oder? Unten befindet sich die Küche. Wenn man abwäscht, sieht man die Beine von den Leuten und Hunden, die vorbeilaufen. Witzig! Es gehört auch ein süßer kleiner Garten dazu, in den gerade so ein Sandkasten und vielleicht sogar eine Schaukel für Abel (und mich!) hineinpassen. Mama hat ein Angebot abgegeben und jetzt warten wir darauf, was der Verkäufer sagt. Daumen drücken!
Euch ist sicher klar: Als Besitzerin eines City-Hauses werde ich in Zukunft tierisch gefragt sein. (Wenn ihr bei mir übernachten wollt, meldet euch am besten drei Monate vorher an!)
Ich muss sogar nicht mal die Schule wechseln, denn die Bahnverbindung ist gut, sodass ich pendeln kann.
Nose war in Amsterdam, weil er ein Vorstellungsgespräch an der Rietveld-Akademie hatte. Er behauptet, dass es nicht besonders gut gelaufen ist. Er musste zwei Leuten erzählen, warum er auf die Akademie will, und ihnen seine Zeichnungen zeigen. Angeblich haben sie sie ziemlich abschätzig betrachtet. Aber ich glaube, dass er sich das nur eingebildet hat. Nose ist manchmal ziemlich unsicher, was sein Zeichentalent betrifft. Und das, obwohl er doch so gut ist! Ich wünschte, ich wäre genauso gut. Er war natürlich ziemlich down, aber ich habe ihn aufgeheitert.

War total schön mit ihm! Er hat Abel ein Polizeiauto mit Sirene mitgebracht und mir wieder einen Strauß Rosen, dieses Mal weiße. Er ist so romantisch! Für meine Mutter (die nicht zu Hause war) hatte er eine Schachtel Pralinen dabei. Die haben wir dann schnell selber aufgegessen.
Nächste Woche kriegt er Bescheid, ob er die Aufnahmeprüfung machen darf oder nicht. Ich hoffe es so sehr. Es ist echt nicht einfach, auf der Kunstakademie angenommen zu werden. Von fünfhundert Bewerbern werden höchstens fünfzig genommen.

So, jetzt seid ihr mal wieder auf dem neuesten Stand. Und plies, bitte seid nicht sauer, dass ich so selten schreibe, ich habe einfach irre viel zu tun. Ich mache es auch wieder gut: Ich gebe an meinem Geburtstag eine Party! Meine erste richtige Party!
Also, tragt es euch in eure Kalender ein: 21. März: BIG PARTY! Was genau abgeht, steht noch nicht fest. Ich dachte an Topfschlagen und Schokoladenwettessen. Und vielleicht in den Zoo gehen, Affen anschauen. Klingt das gut für euch?

Viele Küsse für euch beide von eurer Rosa

PS: Was ich mir wünsche: ein rosa Mofa, Brillanten, Perlen und Rubine, eine Webcam und eine Netzkarte für die Bahn.
PPS: Über eine Tüte Bonbons freue ich mich auch.

Rosa drückt auf *senden* und schiebt ihren Stuhl zurück.

„Hey, bist du jetzt endlich fertig?", fragt Joya. Sie liegt ausgestreckt auf Rosas Bett und blättert in einer Zeitschrift. „Das war aber eine lange Mail."

Rosa nickt. „Mit Esther und Jonas bin ich schon ewig befreundet. Wir schreiben uns oft und schicken uns Survival-Tipps. Aber in letzter Zeit habe ich sie ziemlich vernachlässigt."

Sie schiebt den Baldachin zur Seite und lässt sich neben ihre Freundin aufs Bett fallen. Joya legt die Zeitschrift weg und setzt sich auf. Sie zieht sich ein Gummiband vom Handgelenk, nimmt ihre blonden Haare zusammen und macht sich einen Zopf. „Survival-Tipps? Wofür?"

„Für alles Mögliche. Fürs Leben. Vor allem Esther ist gut darin. Sie durchforstet dafür alle möglichen Zeitschriften und Bücher. Und meine Mutter und ich schreiben uns im Moment auch Tipps."

„Per Mail?"

„Ja. Das ist echt praktisch. Ich finde es oft einfacher, etwas Satz für Satz aufzuschreiben, als es zu sagen. Da kann man in Ruhe drüber nachdenken."

„Ich bin echt neidisch auf dich. Ich wünschte, ich hätte auch so ein Verhältnis zu meiner Mutter. Wir haben nicht mal einen Computer. Als letzte Familie Europas, schätze ich."

„Hast du oft Krach mit deinen Eltern?"

„Nein, Krach eigentlich nicht. Wir haben einfach keinen Draht zueinander. Manchmal habe ich das Gefühl, ich bin bei der Geburt vertauscht worden."

„Hilfe, Joya!"

„Ja ... na ja, ein Jahr muss ich noch durchhalten." Joya steht auf und geht zu Rosas Schreibtisch. Sie betrachtet den Bildschirmschoner.

„Dein Nose ist ja wirklich total süß. Hat er das Graffiti gemacht?"

„Ja, cool, oder?"

Joya nickt. „BE YOURSELF. Guter Spruch. Ich wünschte auch, ich könnte ich selbst sein. Zu Hause."

„Du kannst vielleicht nicht zu Hause du selbst sein, aber dafür doch bei uns!", sagt Rosa.

Joya seufzt. „Ja, zum Glück. Wenn ich euch drei nicht hätte ... dann würde ich zu Hause eingehen."

Rosa zieht ein Bein an und spielt an einem ihrer knallgrün lackierten Fingernägel herum. „Und ich reg mich über meine Mutter auf!" Rosa geht zur Tür. „Ich geh mal Cola und Chips holen. Ich bin gleich wieder da."

Als Rosa zurückkommt, steht Joya am Fenster und schaut hinaus. „Du, Rosa, da unten steht einer und winkt hoch."

Rosa stellt sich neben ihre Freundin. „Das ist Khalim, mein Freund." Rosa lacht und winkt zurück.

„Das ist ungerecht, ich habe gar keinen und du hast zwei", schmollt Joya.

„Khalim überlasse ich dir gern, er ist wirklich nett. Aber Nose gehört mir. Warst du schon mal verliebt?"

Joya wird rot. „Nein, ich weiß gar nicht, wie sich das anfühlt."

Rosa stellt zwei Gläser Cola auf den Schreibtisch und

hält Joya die Chipstüte hin. „Wenn's so weit ist, weißt du's."

„Vielleicht gibt es niemanden, der zu mir passt ... Ich bin so anders."

„Auf jeden Deckel passt ein Topf, Joya. Oder umgekehrt. Wie war das? Du bist eben etwas ganz Besonderes! Das ist doch toll! Ich wünschte, ich könnte spüren, was andere Menschen denken und fühlen, so wie du. Stelle ich mir spannend vor. Und praktisch, wenn man einen Freund hat. Obwohl ... ich weiß nicht, ob ich immer wissen will, was Jungs denken."

Joya lacht. „Ich wünschte oft, ich hätte nicht so eine gute Antenne für die Gedanken anderer Leute."

„Was gefällt dir daran denn nicht?"

„Na ja, ich spüre Dinge, die ich gar nicht wissen will. Gefühle von anderen Leuten. Und ... ich durchschaue so vieles. Menschen denken oft etwas ganz anderes, als sie sagen. Das ist sehr verwirrend und macht mich echt fertig."

„Du bist eben wahnsinnig sensibel", sagt Rosa. „Vielleicht solltest du lernen, damit umzugehen?"

„Ja, aber wie? Und wer bringt mir das bitteschön bei? Ich kenne niemanden, der so ist wie ich. Du, Noa und Carmen, ihr seid die Einzigen, die wissen, wie ich wirklich bin. Alle anderen würden mich sicherlich für verrückt halten. Oder für eine Wichtigtuerin. Meine Eltern zum Beispiel."

„Gibt es keine Schule für Leute mit übersinnlichen Fähigkeiten, oder eine für Gedankenleser? Oder einen Kurs, oder einen Verein? Der ‚Verein der Gedankenwühler' zum Beispiel?"

„Ha, ha, sehr lustig." Joya nimmt einen Schluck Cola und rülpst. „Ich fände es allerdings wirklich schön, wenn es so etwas gäbe."

Gedankenverloren starrt Rosa auf die Maske an der Wand, die ihr Vater ihr aus Venedig mitgebracht hat.

„Und dein Vater? Wie ist der eigentlich?", fragt Joya prompt.

„Woher wusstest du, dass ich gerade an ihn gedacht habe? Liest du wieder meine Gedanken?"

„Ach was, das war nicht so schwer zu erraten."

Rosa wirft einen Blick nach draußen. Die Sonne ist hinter der Wolkendecke hervorgekommen und lässt NO FEAR! in grellen Farben leuchten. Gleich daneben steht eine Gruppe Jungen, die sie nicht kennt. Sie haben ihre Mofas dabei, rauchen und lachen laut.

„Ich will nicht über ihn reden."

„Warum nicht?"

„Weil ich mich dann mies fühle."

„Warum?"

„Du weißt doch, mein Vater und seine neue Freundin haben im Dezember ein Baby gekriegt."

„Und?"

„Weißt du, eigentlich bin ich tierisch wütend auf meinen Vater."

„Warum?"

Rosa kaut an den Fingernägeln. „Er hat mich nach der Scheidung einfach im Stich gelassen. Ich habe nie verstanden, wie er das tun konnte. Als ob ich ihm nichts bedeutet hätte, als ob ich nicht mehr sein Kind bin … Und jetzt hat er ein neues Kind und eine neue Frau und für die hat er alle Zeit und Aufmerksamkeit der Welt. Der kann mich mal! So ein Arsch! Ich will ihn nie wieder sehen." Wütend wischt Rosa die Tränen weg, die ihr in den Augen stehen. „Siehst du, genau das passiert jedes Mal! Wenn ich an ihn denke, muss ich heulen."

Joya kommt zu ihr und legt behutsam die Arme um sie. „Das bedeutet bloß, dass er wichtig für dich ist, Rosa. Wie heißt deine kleine Schwester eigentlich?"

„Flora. Klingt fast wie Rosa, oder? Und kannst du dir vorstellen, dass auf der Geburtsanzeige nicht mal mein Name stand?"

Joya sieht sie fragend an.

„Ja, normalerweise steht da immer: Voller Freude geben wir die Geburt von blablabla bekannt. Und dann folgen die Namen der Familienmitglieder. Und ich stehe nicht dabei! Mein Vater ist für mich gestorben. Ich existiere ja offensichtlich nicht für ihn, also er auch nicht mehr für mich."

Rosa schnieft und sieht in Gedanken wieder aus dem Fenster. Ach, wäre doch Nose jetzt hier, um sie festzuhalten und sie ein bisschen zu trösten! Sofort fühlt sie sich schuldig. Joya ist auch lieb und sie gibt sich schrecklich viel Mühe mit ihr. Aber es ist eben einfach nicht das Gleiche. Plötzlich sieht Rosa mit Schrecken, dass einer der Jungen unten mit einer Spraydose hantiert. Er ist dabei, NO FEAR! zu übersprühen!

„Nein!“, schreit Rosa. Sie dreht sich um, rennt aus dem Zimmer, aus der Wohnung, zweiundzwanzig Stufen hinunter, auf die Straße.

Nose Superkünstler

Bad Rose: Hallo, Schatz, wie schön, dass du endlich auch mal online bist!
Nose Superkünstler: Ja, ich bin auch begeistert.
Bad Rose: Stell dir vor, ein paar Rotznasen haben es gewagt, über dein Kunstwerk zu sprühen.
Nose Superkünstler: Ehrlich?
Bad Rose: Ja. Ich bin schreiend und tobend über die Straße gerannt, Joya hinterher. Die Typen haben gelacht und hatten 'ne große Klappe, und gerade, als ich auf sie losgehen wollte, kam Khalim mit dem Rad vorbei und hat gerufen: „Seht zu, dass ihr wegkommt! Sie hat den schwarzen Gürtel und ich hab 'ne Fahrradkette!"
Nose Superkünstler: Hihihi! Und dann?
Bad Rose: Sie waren weg wie nichts, und einer von den Angsthasen hat vor Schreck seine Spraydose fallen gelassen. Die habe ich natürlich einkassiert. :-)

Nose Superkünstler: :-))) Du bist echt ganz schön mutig. Und es lebe Khalim, der Schutzengel der Amsterdamer Vorstadt!
Bad Rose: Joya fand ihn auch sehr nett. Wir haben noch eine ganze Weile gequatscht.
Nose Superkünstler: Soso, gequatscht ... :-)
Bad Rose: Und bei dir so?
Nose Superkünstler: Halt dich fest: Erinnerst du dich an die Mail, in der ich den Witz über Marmelade à la Nose Superkünstler gemacht habe?
Bad Rose: Ja, natürlich, außerdem ist das jetzt dein Chatname geworden.
Nose Superkünstler: Es ist sogar mein Firmenname! Ich habe zehn Gläser Marmelade gekauft und zu Hause die Etiketten neu gestaltet. Mit Spraydose und Airbrush. Und dann habe ich sie gestern Abend, als ich Regale aufgefüllt habe, heimlich zurückgestellt. Mit einem Schild daneben: jetzt in Ihrem Supermarkt: Kunst im Glas. Limited edition.
Bad Rose: Echt??? Und dann?
Nose Superkünstler: Heute Mittag nach der Schule hab ich nachgesehen. Alle Gläser waren weg.
Bad Rose: Die hat doch bestimmt der Filialleiter weggeräumt?
Nose Superkünstler: Nein, ich habe die Kassiererin gefragt. Verkauft!
Bad Rose: Wow!
Nose Superkünstler: Und heute habe ich zwanzig Dosen Erbsen mitgenommen. :-) Mit denen beschäf-

tige ich mich gerade. Sie werden sehr schön. Heute Abend stelle ich sie ins Regal.
Bad Rose: Ich werd verrückt! Aber ... das kostet dich doch tierisch viel Geld! Mit einer Firma sollte man eigentlich Geld *verdienen*.
Nose Superkünstler: Ja, stimmt. Aber es ist ein Experiment. Ein Kunstexperiment. Da muss man eben erst mal ein bisschen investieren. Das gehört dazu.
Bad Rose: Ja, und Künstler sind arm, das gehört sicher auch dazu, oder? Du solltest die Erbsen einfach verkaufen. Vielleicht kannst du richtig Geld damit verdienen! Und wirst berühmt!
Nose Superkünstler: Ach, das ist doch nur zum Spaß.
Bad Rose: Und wenn du viel Geld verdienst, kannst du öfter nach Amsterdam kommen. Und wenn du bald zu Hause ausziehst, kannst du es auch gut gebrauchen. Dann kannst du dir ein teures Haus an der Gracht kaufen. Bei uns nebenan. :-)
Nose Superkünstler: Ich sollte dich vielleicht als Managerin einstellen!
Bad Rose: Oh ja, das klingt gut.
Nose Superkünstler: Aber, Frau Managerin, hast du deinen eigenen Geburtstag schon organisiert?
Bad Rose: Na ja, so ein bisschen, ich mache auf jeden Fall eine Party, aber ich weiß immer noch nicht genau, wo und wie.
Nose Superkünstler: Was wünschst du dir zum Geburtstag?
Bad Rose: Eine Dose Erbsen von Nose Superkünstler!

Nose Superkünstler: Okay, das kriege ich hin, Mausekatze. Muss ich eigentlich eifersüchtig sein?
Bad Rose: ???
Nose Superkünstler: Auf diesen Khalim!
Bad Rose: Quatsch!!! Ich lieb nur dich, das weißt du doch wohl? Hast du schon was von Rietveld gehört?
Nose Superkünstler: Nein. Ich hab ein schlechtes Gefühl.
Bad Rose: Ach komm, denk positiv. Ich weiß ein tolles neues Motto: I BELIEVE IN ME.
Nose Superkünstler: Das ist gut! Ich mache gleich einen Entwurf davon.
Bad Rose: Yes! Cool!
Nose Superkünstler: Ich fahre morgen mit meiner Mappe nach Rotterdam.
Bad Rose: Das ist gar nicht nötig, ich bin mir sicher, dass du in Amsterdam genommen wirst.
Nose Superkünstler: Ich hoffe es ja auch. So, Süße, jetzt muss ich essen. Tschüss, Mauskatzenschatz, bis später.
Bad Rose: Und ich kriege gerade eine Mail. Werde gleich mal checken, von wem. Tschüss, mein Superkünstler!

Von: Jonas de Leeuw <jdl@xs22.nl>
Gesendet: Freitag, 21. Februar 18:20
An: Rosa van Dijk <rosa_vandijk@hotmail.com>
Betreff: Hurra, Hurra, bei Rosa läuft es wunderbar!

Liebe Rosa,
herzlichen Glückwunsch! Ich freue mich total für euch. Ehrlich, was für ein Glück! Aber ihr habt es auch wirklich verdient. Und ich komme natürlich auf deine Party. Ich freue mich jetzt schon darauf. Ich habe schon so lange nicht mehr Topfschlagen gespielt! Und Schokoladenwettessen war immer mein Lieblingsspiel.
Ich schäme mich zu Tode, aber ich war noch nie in Amsterdam. Was bin ich doch für ein Provinzheini!
Ich habe nicht viel Zeit zu mailen, morgen steht eine Deutscharbeit an, und ich muss noch einiges dafür tun. Blöde Grammatik. Und ich kann mich nicht konzentrieren. Ich habe immer noch ziemlich mit mir zu tun, wenn du verstehst, was ich meine. Ich bin mir inzwischen nämlich ziemlich sicher, dass ich nicht auf Mädchen stehe, sondern auf Jungs. Ich hab solche Angst, dass meine Eltern die Neuigkeit nicht überleben. Oder ich.

Was soll ich sagen?
Wie fang ich's an?
Mir ist schon ganz übel!
Wann sag ich es, wann?

Meine Knie sind weich,
meine Hände ganz kalt.
Was werden sie tun,
wenn meine Rede verhallt?
Was werden sie sagen?

Ich bin doch ihr Sohn!
Ich wage es nicht.
Nicht für eine Million!

Poetische Grüße von Jonas

Von: Rosa van Dijk <rosa_vandijk@hotmail.com>
Gesendet: Freitag, 21. Februar 18:33
An: Jonas de Leeuw <jdl@xs22.nl>
Betreff: Survival-Tipps

**Wie du deinen Eltern zu sagen wagst,
was du nicht sagen magst**
1. Zöger es nicht zu lange hinaus. Je länger du es hinausschiebst, desto schwieriger wird es.
2. Sprich in kurzen klaren Sätzen und rede nicht lange um den heißen Brei herum. (Dann hast du es auch schneller hinter dir!)
3. Tu erst so, als würde es um die Geschichte einer anderen Person gehen und warte ab, wie deine Eltern reagieren. Wenn sie nicht in Ohnmacht fallen, sagst du, dass es gar nicht um einen Freund ging, sondern um dich selbst.
4. Bitte einen Freund oder eine Freundin, dabei zu sein.
5. Üb deine Rede vor dem Badezimmerspiegel. (Pass auf, dass dir niemand zuhört!)
6. Oder schreib alles in einen Brief.

7. Oder sprich es auf Kassette. Schick sie deinen Eltern mit der Post und nimm dann das erste Flugzeug ans andere Ende der Welt. Komm zurück, wenn deine Eltern sich wieder beruhigt haben.
8. Denk positiv!
9. Oder auch nicht.
10. Stell dir die schlimmstmögliche Reaktion vor. (Du wirst rausgeschmissen und musst als Stadtstreicher leben, dein Vater wird mit Blaulicht ins Krankenhaus gebracht, weil er einen Nervenzusammenbruch erlitten hat, und deine Mutter attackiert dich mit dem Nudelholz.) Dann kann es eigentlich nur besser werden.

Wenn mir noch mehr einfällt, schreibe ich es dir, Joni.
Ich drücke dir alle Daumen!
XXXXXXXXXXXXXXXXXXXXX Rosalita

Das Telefon klingelt. Rosa springt auf. Vielleicht ist es Nose! Aber ihre Mutter ist schneller als sie. Sie scheint gerade nach Hause gekommen zu sein, sie hat sogar ihre Jacke noch an. Sie presst sich das Telefon ans Ohr und scheint vor Aufregung schier zu platzen.

„Was ist los?“, flüstert Rosa. „Geht es um die Wohnung?“

Ihre Mutter nickt hektisch und bedeutet ihr, still zu sein. „Ja, ja ... prima. Gut. Das regele ich. Herzlichen Dank! Auf Wiederhören.“

Rosas Mutter legt auf und wirft das Telefon in die Luft.

„Yes! Es hat geklappt! Es hat geklappt! Die Wohnung gehört uns!“ Sie packt Rosa und wirbelt sie herum. „Oh, Rosa, ich bin ja so froh! Es fühlt sich so gut an! Wir haben eine Wohnung! Eine Wohnung an einer Gracht! Mein Traum geht in Erfüllung. In drei Wochen ist es schon so weit!“

Die Zukunft

„Und hier werden wir also wohnen“, sagt Rosa.

Joya und Carmen schauen bewundernd die Hausfassade hinauf.

„Ist das schön! Diese Fenster! Und die Tür! Und wie alt das ist“, sagt Joya. „Von 1616!“

Rosa sieht Joya erstaunt an. „Kannst du das mit deinem hellseherischen Blick erkennen?“

„Nein, Quatsch, es steht doch da oben auf dem Giebelstein!“

„Oh, das habe ich gar nicht gesehen.“ Rosa steigt die Stufen hinauf und schaut dann nach oben. „Cool! Da sind ja Adam und Eva abgebildet, mit der Schlange und dem Apfel.“

„Also das Paradies! Ein gutes Omen, würd ich sagen!“, ruft Carmen lachend.

Rosa lehnt sich über das Geländer und schaut auf die Gracht hinunter. Die Sonne kommt zwischen den Wolken zum Vorschein und spiegelt sich im Wasser. Ein Boot fährt vorbei. Der alte Mann, der darin sitzt, nimmt seinen Hut ab und winkt ihr zu. Sie winkt fröhlich zurück. Ein Stück weiter weg steht neben einem geparkten Auto ein Reiher und blickt starr aufs Wasser. Aus der Ferne ist das Glockenspiel einer Kirche zu hören. Rosa seufzt vor Glück. Nicht zu glauben, dass sie hier wohnen wird. Nicht zu glauben, dass sie dieses Glück ausgerechnet Alexander zu verdanken hat.

Joya späht durch das Fenster. „Schade, dass wir nicht reinkönnen. Es sieht sehr schön aus. Es ist komplett leer. Schöne Holzfußböden."

„Wir kriegen den Schlüssel leider erst, wenn wir offizielle Besitzer sind", sagt Rosa.

„He, Rosa, du stehst da wie eine Königin, die ihr Volk grüßt", ruft Carmen lachend von unten.

Rosa streckt die Brust raus und sagt mit hoher vornehmer Stimme: „Liebe Mitbürger, ich, Königin Rosalie von Rosenstein zu Rosenknospe, teile Euch voller Freude mit, dass wir sehr froh sind, das Haus zum Paradies in Bälde zu bewohnen und dass Ihr dort stets von Herzen, wirklich von Herzen, willkommen seid."

„Sogar in den frühen Morgenstunden", fügt Carmen hinzu. „Und vor allem am Wochenende."

„Alexander Affenarsch lebe hoch!", kreischt Rosa so laut, wie sie kann, über die Gracht. „Dreimal hoch, hoch, hoch!"

„Hoch, hoch, hoch!", rufen alle gleichzeitig.

„Es ist echt irre, du hast so ein verdammtes Glück. Ich

bin richtig neidisch“, sagt Carmen und setzt sich auf die oberste Stufe. Joya und Rosa quetschen sich neben sie.

„Schön, oder?“, seufzt Rosa. „Ich hätte das auch nie gedacht. Das Leben ist manchmal verrückt.“

„Ja, und manchmal friert man sich auch den Hintern ab“, sagt Joya. Sie steht wieder auf und reibt sich das Hinterteil. „Wann wird es endlich Frühling?“

Rosa springt abrupt auf. „Gleich gegenüber ist ein Café. Kommt, ich lade euch ein, zur Feier des Tages.“

„Ich komme mir richtig erwachsen vor“, sagt Joya, als sie alle drei am Tisch sitzen, vor sich eine Tasse heiße Schokolade mit Sahne. „Schaut uns doch mal an. Ohne Papi und Mami in einem echten Amsterdamer Café.“

„Mmmm ... mit echtem Amsterdamer Apfelkuchen.“ Carmen leckt sich die Lippen. „Das wird unser Stammcafé, dieser Kuchen ist göttlich.“

„Ja, er schmeckt super. Schade, dass Noa nicht dabei ist.“

„Ja ...“, sagt Rosa. „Sie kommt in letzter Zeit nirgendwo mehr mit hin. Das liegt doch nicht an mir, oder?“

„Nein, Quatsch“, beruhigt sie Joya. „Natürlich nicht. Sie findet dich total nett. Sie hat wieder mal Stress mit ihren Eltern und muss nach der Schule immer sofort nach Hause.“

„Was für Stress?“, fragt Rosa.

„Sie hat es mir heute Morgen erzählt. Ich sage es euch, aber ihr müsst versprechen, dass ihr mit niemandem darüber redet.“

„Nein, natürlich nicht", antwortet Carmen.

„Jetzt schieß schon los", sagt Rosa ungeduldig. „Geht es um einen Jungen?"

Joya nickt. „Gut geraten. Sie ist total verliebt in einen Typ namens Samuel."

„Wow!", sagt Carmen. „Warte mal ... Samuel? Ich kenne niemanden, der so heißt. Ist er bei uns auf der Schule?"

Joya schüttelt den Kopf. „Nein, er ist schon mit der Schule fertig. Mehr wollte sie mir nicht erzählen. Sie hat echt panische Angst, dass es rauskommt."

„Oh, wie kompliziert!" Rosa seufzt. „Und wie macht sie das dann? Wann sieht sie ihn?"

„Na ja, sie schwänzt in letzter Zeit ziemlich oft den Unterricht. Die einzige Möglichkeit, ihn überhaupt zu sehen, ist während der Schulstunden. Ihre Eltern ahnen etwas, darum muss sie nach der Schule auch immer sofort nach Hause."

„Das ist ja das reinste Gefängnis", sagt Rosa. „Ich wünschte, wir könnten ihr helfen. Sie zieht bestimmt gleich nach den Abschlussprüfungen zu Hause aus."

„Ein bisschen naiv bist du ja schon", sagt Joya. „Natürlich nicht. Sie muss bei ihren Eltern bleiben, bis sie verheiratet ist."

„Hat sie da überhaupt kein Wörtchen mitzureden?", fragt Rosa ungläubig.

„Nein."

Rosa schüttelt den Kopf. „Wie schrecklich, wenn man nicht selbst über seine Zukunft bestimmen kann."

Joya und Carmen nicken zustimmend. Carmen schielt

auf Rosas Apfelkuchen. „Isst du den nicht mehr, Rosalita?"

Rosa schüttelt den Kopf und schiebt ihr den Teller zu. „Nee, ich mag nicht mehr. Nimm ruhig."

„Danke."

„Hast du vor, nach der Schule zu Hause auszuziehen?", fragt Rosa Joya. „Oder darfst du das auch nicht?"

„Meine Eltern sind froh, wenn ich ausziehe! Und ich gehe so weit weg wie möglich."

„Was willst du denn machen?"

„Ich weiß noch nicht, was ich mal werden will. Ich möchte auf jeden Fall erst mal ein Jahr woanders leben. Hauptsache weg. Ich habe mal einen Fernsehbericht über ein Mädchen gesehen, das in einem Waisenhaus in Indien gearbeitet hat. So was in der Art stelle ich mir vor."

„Wow", sagt Rosa. „Ein Waisenhaus in Indien. Klasse! Dass du dich das traust, so ganz alleine. Und du, Carmen? Ziehst du nach der Schule von zu Hause aus?"

„Ja, wahrscheinlich schon. Obwohl ich gar nicht unbedingt von zu Hause wegwill. Die Tanzausbildung, die ich gerne machen würde, kann ich nämlich auch in Amsterdam machen. Aber unser Haus platzt aus allen Nähten mit sechs Kindern. Meine zwei großen Brüder sind nicht rauszukriegen. Denen geht's viel zu gut im Hotel Mama. Die machen es sich ganz schön einfach."

„Carmen spart schon für ihre Ausbildung, seit sie dreizehn ist", sagt Joya.

„Sparen? Warum?"

„Weil wir zu Hause wenig Geld haben und viele Kinder

sind. Studieren und eine eigene Wohnung sind furchtbar teuer."

„Und die Hälfte von dem Geld, das sie im Supermarkt verdient, gibt sie ihrer Mutter", sagt Joya.

„Darfst du es denn nicht behalten?"

„Doch, natürlich", sagt Carmen lachend. „Ich mache das freiwillig, um meiner Mutter ein bisschen zu helfen. Und die andere Hälfte spare ich."

Rosa blickt ihre Freundin voller Bewunderung an und mit einem Mal schämt sie sich. Sie hat es eigentlich so gut zu Hause und jammert trotzdem über das Taschengeld.

Carmen schleckt mit dem Finger den letzten Klecks Sahne aus ihrer Tasse. „Und du gehst auf die Kunstakademie, oder, Rosa? Du kannst so toll zeichnen. Ich wünschte, ich könnte das."

„Pff, ich wünschte, ich könnte so gut tanzen wie du! Kannst du mir nicht ein bisschen Unterricht geben, bevor wir ausgehen? Ich habe da echt überhaupt keine Übung."

„Ja, klar, kein Problem. Ich mach aus dir eine Dancing Queen."

Rosa reißt einen Bierdeckel in der Mitte durch und zerfetzt ihn.

„Habt ihr gar keine Angst davor, auszuziehen? Davor, ganz alleine zu sein, ohne Familie?"

„Nein, um ehrlich zu sein, überhaupt nicht", sagt Joya. „Ich fühle mich zu Hause auch schrecklich einsam. Meine Schwester ist die Einzige, die mir fehlen wird. Sie tut mir leid, weil sie dann ganz alleine mit meinen Eltern klarkommen muss."

„Ich finde den Gedanken schon unheimlich“, sagt Carmen und streicht sich eine Locke hinters Ohr. „Ich werde meine Familie fürchterlich vermissen. Vielleicht können wir ja zusammenziehen?“

„Hui, tolle Idee, Carmen!“, ruft Rosa begeistert. „Das wäre doch super. Und dann entführen wir Noa. Und Joya hat nach zwei Monaten genug von Indien und zieht auch bei uns ein. Und Abel übernachtet ganz oft bei uns und dann machen wir es uns schön und wir essen jeden Tag Pizza und Pommes, und wir gehen so spät ins Bett, wie wir wollen …“

„Und wir drehen die Musik ganz laut auf, ohne dass jemand was dagegen sagt“, ergänzt Carmen lachend. „Und ich habe natürlich ein Zimmer für mich alleine und wir gehen jeden Abend tanzen …“

„Und niemand meckert oder guckt mich schief an, wenn ich ein Kilo Räucherstäbchen am Tag abbrenne und auf dem Küchentisch meditiere“, fügt Joya hinzu.

„Du meditierst?“, fragt Rosa.

„Na ja … ich versuche es manchmal. Ich hab ein Buch darüber gelesen.“ Joya grinst verlegen.

„Du solltest dich mal mit meiner Mutter unterhalten, dann könnt ihr zusammen auf dem Küchentisch meditieren. Sie ist im Moment irgendwie total scharf auf solche Sachen. Sie will sich komplett verändern. Ihrem Leben mehr Sinn geben und so was. Ratet mal, wo sie hingeht.“

„Zum Schönheitschirurgen?“

„Zum Friseur?“

„Nein, ihr lacht euch kaputt! Zu einer Handleserin!“

Rosa prustet los. Zu ihrer Überraschung lachen ihre Freundinnen nicht mit. „Findet ihr das nicht bescheuert?"

„Nein. Eher interessant", sagt Carmen. „In Brasilien ist das was ganz Normales. Da kannst du noch viel verrücktere Sachen sehen. Ich habe dort eine Tante, die die Zukunft aus Hühnerknochen liest."

„Ja, klar doch", sagt Rosa. „Aus Hühnerknochen. Ganz bestimmt. Und danach macht sie daraus eine Suppe. Wahrsagersuppe."

„Ich kann das auch ein bisschen", sagt Joya und greift nach Rosas Hand. Mit ihren Fingern fährt sie die Linien nach. „Oh, mein Fräulein, Ihre Liebeslinie hat die Form einer ... Nase. Einer sehr großen Nase. Das ist eigenartig! Verstehen Sie das?"

Rosa grinst.

„Ooooh ..." Joya beugt sich tiefer über Rosas Hand. „Und Sie sind sehr kreativ. Sticken Sie Bordüren oder stricken Sie Pullover? Und ich sehe ... einen Mann, einen Mann mit dunklem Schnurrbart ... Er wird bald Ihren Weg kreuzen. Und er wird Sie oder jemand anderen sehr glücklich machen."

Lachend zieht Rosa ihre Hand zurück. „Ja, alles klar: mich oder jemand anderen. Unser Geschichtslehrer hat einen Schnurrbart, vielleicht kriege ich eine gute Note für mein Referat!"

Arm in Arm und mit hochgezogenem Kragen, um sich gegen den heftigen Wind zu schützen, laufen die Mädchen an der Gracht entlang zur Straßenbahn.

„He, Carmen, werden in dem Supermarkt, wo du arbeitest, vielleicht noch Leute gesucht? Zum Beispiel in der Süßwarenabteilung?", fragt Rosa.

„He, du willst mir doch nicht erzählen, dass du einen Job suchst? Ihr seid doch jetzt stinkreich!"

„Nein, leider nicht wirklich, das ganze Geld geht für die Wohnung drauf. Die ist so teuer, dass wir sogar richtig sparsam sein müssen. Ich brauche wirklich Geld."

Joya bleibt plötzlich stehen. „Guck mal, was da steht!"

„Wo?", fragt Rosa und blickt sich um.

„Da drüben in dem Blumenladen! Im Schaufenster steht ein Schild. ‚Aushilfe für samstags gesucht'. Und übrigens hat der Mann hinter der Theke einen Schnurrbart."

Wilde Pläne

Von: Rosa van Dijk <rosa_vandijk@hotmail.com>
Gesendet: Freitag, 07. März 17:43
An: Vincent van Gelderen <nose@hotmail.com>
Betreff: Bienen und Blumen

Lieber Nosie,
heute war ein super Tag. Schade, dass du nicht dabei warst, ich musste die ganze Zeit an dich denken. Ich war mit Joya und Carmen in der Stadt und wir haben unser neues Haus angeschaut.
Meine Mutter hat jede Menge wilde Pläne. Ich hoffe nur, dass sie weiß, was sie tut, denn ich fürchte, dass das alles tierisch viel Geld kosten wird. Aber es wird bestimmt sehr schön. Oh, vielleicht kannst du in meinem Zimmer an eine Wand ein Graffiti sprühen. Das fände ich richtig cool. Mein neues Zimmer ist ziemlich groß, mit riesigen Fenstern und Blick auf die

Gracht. Einfach nur klasse. Bötchen gucken finde ich prima. Vielleicht schaffen wir uns ja auch mal eins an! Abelchen kriegt auch ein eigenes Zimmer. Seins ist zwar nicht größer als ein geräumiger Kleiderschrank, aber er braucht zumindest nicht mehr bei meiner Mutter oder mir zu schlafen.

Aber du kennst noch nicht die größte Neuigkeit aus Rosas Welt! Ich habe einen Job gefunden! Ganz in der Nähe unserer neuen Wohnung ist ein Blumenladen, und der Besitzer suchte eine Aushilfe. Ich habe mich nicht getraut nachzufragen, aber Joya und Carmen haben mich einfach in den Laden geschoben. Carmen hat gesagt: „Das ist Rosa und sie weiß wahnsinnig viel über Pflanzen." Und Joya sagte: „Und sie zieht hier ganz in die Nähe, nur ein paar Häuser weiter." Carmen setzte noch einen drauf. „Und sie ist freundlich, ehrlich und fleißig."

Der Mann hinter der Theke brach in Gelächter aus. In ein dunkles, rollendes Bauchlachen, du weißt schon. „Rosa. Ein sehr passender Name", sagte er, als er sich wieder eingekriegt hatte. „Und weißt du, wie ich heiße? Rosetti. Enrico Rosetti. Lustig, oder?" (Wieder ein Mordslachanfall.) „Und du liebst Blumen, Rosa?"

Ich nickte natürlich heftig. „Klar! Ich bin verrückt nach Blumen!"

Gekicher hinter mir, von Carmen.

„Das ist gut. Wann kannst du anfangen? Hoffentlich schnell, ich sitze nämlich ziemlich in der Klemme."

Erst als wir rausgingen, habe ich gesehen, wie der

Laden heißt: Rosmarin. Also echt, so einen Zufall gibt es doch gar nicht.
Ich habe meiner Mutter einen großen Strauß Blumen gekauft, bei Rosmarin, natürlich. Ich habe ihn für den halben Preis gekriegt. Ich hoffe nur, dass sie es okay findet, wenn ich dort arbeite.
Ich fange gleich nächste Woche an und verdiene sechs Euro die Stunde. Das sind vierzig Euro am Tag. Wow! Dann kann ich mir endlich eine Webcam kaufen.
Und wenn ich fleißig spare, kann ich mir sogar einen eigenen Hubschrauber leisten. Und den darfst du dann besprühen. LOVE IS IN THE AIR! Dann kann ich jeden Tag nach Groningen und wieder zurück fliegen.
Das einzige Problem ist, dass ich null Ahnung von Blumen habe. Ich kann nicht mal eine Tulpe von einer Rose unterscheiden. Na ja, okay, das kriege ich gerade noch hin. Wir haben ein paar Pflanzenbücher im Regal stehen, die werde ich mir mal angucken.
Sag mal, hast du schon was von Rietveld gehört???

Viele Küsse und Umarmungen von Fräulein Tulpe,
deiner liebenden Blumenspezialistin

„Oh, sind die schön! Womit habe ich denn die verdient?" Rosas Mutter setzt Abel ab und nimmt die Blumen entgegen.

„Einfach nur so, weil ich dich lieb habe." Rosa gibt ihrer Mutter einen Kuss.

„Wie süß von dir, Schatz, danke schön."

Rosa holt eine Vase, füllt sie mit Wasser und stellt die Blumen hinein.

„Du solltest sie lieber noch ein Stückchen anschneiden."

„Ja, mache ich. Möchtest du einen Tee, Mama?"

„Ja, gerne, Schatz."

Rosa setzt sich mit der Teekanne, zwei Tassen und einer Dose Kekse neben ihre Mutter aufs Sofa. Für Abel schält sie eine Banane.

„Mama, ich muss dir was erzählen!"

„Aha, so was habe ich mir schon gedacht", sagt ihre Mutter grinsend.

Rosa bricht ein Stück von der Banane ab und steckt sie Abel in den Mund.

„Ich habe einen Job in einem Blumenladen gefunden, Mama. Er ist ganz in der Nähe unserer neuen Wohnung. Und ich verdiene dort richtig gut! Dann bringe ich dir jede Woche Blumen mit und dann brauche ich nicht mehr über mein Handyguthaben zu jammern und ich kann selber zahlen, wenn ich abends weggehe ..."

„Abends weggehen? Was soll das heißen?"

„Carmen geht auch jede Woche aus, Tanzen, in die Disco."

„In die Disco, in deinem Alter? In Amsterdam? Das ist mir zu gefährlich."

„In meinem Alter? In welcher Welt lebst du denn? Das ist überhaupt nicht gefährlich! Alle machen das!"

„Was alle machen, interessiert mich nicht."

Rosa hört nicht zu, sondern redet begeistert weiter.

„Und Mama, ich habe mir auch überlegt, meinen Geburtstag in einer Disco zu feiern, das ist viel einfacher und …“

„Hohoho, junge Dame, jetzt mal ganz langsam.“ Ihre Mutter stellt ihre Tasse ab. „Du überstürzt das Ganze ein bisschen, Rosa. Darüber sollten wir in aller Ruhe reden.“

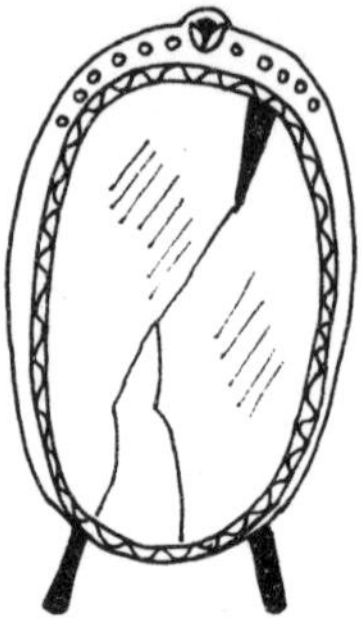

Scherben

Von: Rosa van Dijk <rosa_vandijk@hotmail.com>
Gesendet: Freitag, 07. März 20:03
An: Vincent van Gelderen <nose@hotmail.com>
Betreff: Stöhn

Hallo, mein Schatz,
ich hatte gerade wieder einen Riesenkrach mit meiner Mutter. Ich könnte mich echt in den Hintern treten!
Meine Mutter hat noch gesagt: „Rosa, darüber sollten wir in aller Ruhe reden."
Tja, und genau da sind mir die Sicherungen durchgebrannt …

Hier kommen einige selbst ausgedachte Survival-Tipps, vielleicht nützen sie dir ja was.
(Hätte ich sie mal selber beachtet!)

Du willst bei deinen Eltern deinen Willen durchsetzen?
Das solltest du vermeiden:

1. Schlechtes Timing. Bitte deine Eltern nicht um etwas Wichtiges, wenn sie schlecht gelaunt, müde oder gestresst sind oder gerade entdeckt haben, dass ihr Kind Läuse hat. (Nein, nicht ich! Abel!)
2. Teile ihnen nicht einfach nur mit, was du vorhast, sondern frage, ob sie damit einverstanden sind.
3. Frage nicht mehrere Dinge gleichzeitig, das könnte einen Kurzschluss im Gehirn deiner Eltern verursachen.
4. Auf keinen Fall solltest du nörgeln und betteln, wenn du nicht sofort deinen Willen kriegst!
5. Versuche, die Beherrschung nicht zu verlieren. (Stampfen, schreien, Türen zuschlagen und deine Mutter aus dem elften Stock werfen helfen dir nicht unbedingt dabei, deinen Willen durchzusetzen.)
6. Vermeide es unbedingt, Dinge zu sagen, die dir später leidtun.

Du willst bei deinen Eltern deinen Willen durchsetzen?
So schaffst du es:

1. Perfektes Timing.
2. Bring deine Eltern in gute Stimmung. Biete ihnen Kaffee an (gerne mit Schuss), mach den Abwasch, häng die Wäsche auf.
3. Achte darauf, wie du deine Wünsche formulierst.
4. Bleib ruhig und beherrscht.

5. Überleg dir vorher gute Argumente und betone vor allem die Aspekte, für die deine Eltern empfänglich sind. *(Du möchtest doch auch, dass ich mich zu einem selbstständigen und unabhängigen Menschen entwickle und ein erfülltes Leben habe? Dann ist es doch nur gut, wenn ich arbeite, jedes Wochenende ausgehe und meinen Geburtstag in der Disco feiere!)*
6. Hab Geduld mit deinen Eltern, auch wenn das manchmal schwer ist, und mach dir bewusst, dass sie nur dein Bestes wollen.

Ich habe mich leider so dermaßen danebenbenommen, dass meine Mutter mich in mein Zimmer geschickt hat. Als wenn ich erst sechs Jahre alt wäre! Was für eine Erniedrigung!
Das Ganze hatte aber auch etwas winzigkleines Gutes. (Ich versuche immer, positiv zu denken!) Ich habe jetzt nämlich eine super Idee für das Selbstporträt, das ich für den Kunstunterricht machen muss. Ich habe meine Zimmertür so kräftig zugeschlagen, dass mein Spiegel von der Wand gefallen und kaputtgegangen ist. Als ich mich dann gebückt habe, um die Scherben aufzuheben, wusste ich auf einmal, wie mein Porträt aussehen würde, nämlich genau so. Ich nenne es *Rosa in Scherben.*
Jetzt muss ich warten, bis Mama sich wieder abgekühlt hat. Hast du vielleicht 'nen Tipp für mich, wie man bei Müttern die Laune hebt? Wie ich das sehe, bist du darin Experte.

Grummel. Ich werde mal mit meinem Kunstwerk beginnen, das lenkt ab.

Dreihundertmillionensiebenundfünfzigtrillionen Küsse von Rosa

PS: Hast du schon was von Rietveld gehört?
PPS: Wenn du findest, dass ich dir zu oft maile, dann sag bitte Bescheid.

Als Rosa ihre Mail abgeschickt hat, sieht sie, dass zwei neue Mails angekommen sind, während sie geschrieben hat. Ihr Herz macht einen Sprung. Eine davon ist sicher von Nose. Er hat ihr schon seit ein paar Tagen nicht mehr geschrieben, und angerufen hat er sie auch nicht, obwohl sie schon mehrmals auf seine Mailbox gesprochen hat.

Sie ist fast ein bisschen enttäuscht, als sie sieht, dass die Mails von Esther und Jonas sind.

Von: Esther Jacobs <esther@xs42.nl>
Gesendet: Freitag, 07. März 20:11
An: Rosa van Dijk <rosa_vandijk@hotmail.com>
Betreff: Kummermail

Hi, Rosie,
Herzlichen Glückwunsch zu eurem Erbe!
Echt unglaublich!
Eigentlich hatte ich ja gehofft, dass du mich mal anrufst oder so.

Na ja, macht nichts.
Bei mir ist so weit alles okay.

Sei geküsst von Esi.

Puh, Esther macht ja ziemlich auf kühl. Jetzt hat Rosa ihr eine lange Mail geschickt und es war doch wieder nicht genug.

Soll sie ihre Mutter fragen, ob sie Esther noch mal anrufen darf? Aber eigentlich hat sie dazu gar keine Lust. Vielleicht morgen.

Von: Jonas de Leeuw <jdl@xs22.nl>
Gesendet: Freitag, 07. März 20:13
An: Rosa van Dijk <rosa_vandijk@hotmail.com>
Betreff: Nachricht vom Lande

Ach, die Liebe, ach, das Leben,
alles würd ich für ihn geben!
Für seine Locken, seine Liebe, sein Lachen,
doch nun ist Schluss mit Hoffnung machen.
Er nahm sich ein Mädchen aus Klasse sieben
und mein Herz, mein armes Herz,
ist auf der Strecke geblieben.

Wie du dir denken kannst, geht es um Robin. (Du weißt schon, der Junge, in den ich seit einer halben Ewigkeit verliebt bin.) Mir geht es ganz schön mies.

Danke für die Tipps. Ich übe vor dem Spiegel und habe im Internet nachgeschaut, wie viel eine Fahrkarte ans andere Ende der Welt kostet.

Traurige Grüße von einem entfernten Freund.

PS: Es gibt ein kleines Licht am Horizont. Es ist in der Zwölften und ich wünschte, ich könnte mit ihm reden!
PPS: Findest du mich komisch? Ich mich schon.

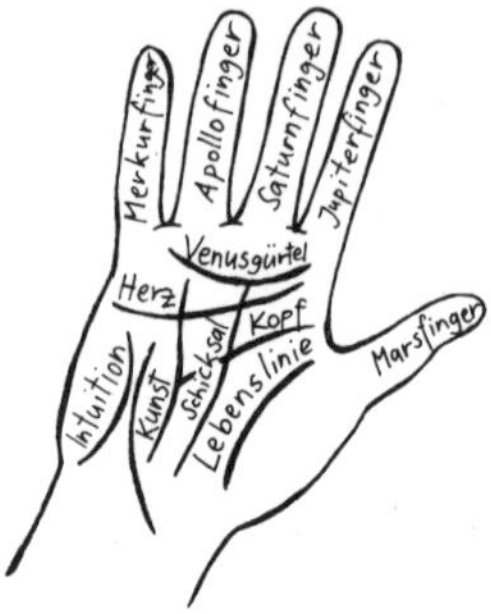

Linien

Von: Heleen Heerema <Heleenh@fastmail.com>
Gesendet: Samstag, 08. März 09:43
An: Rosa van Dijk <rosa_vandijk@hotmail.com>
Betreff: Wie überlebe ich einen Streit?

Wie überlebe ich einen Streit?
1. Wenn du wütend wirst, wird in deinem Körper ein Stoff freigesetzt, der sich Adrenalin nennt. Er sorgt dafür, dass du das Gefühl hast, gleich zu explodieren. Du bist dann eigentlich nicht mehr ganz du selbst. Warte ab, bis dein Körper das Adrenalin wieder abgebaut hat.
2. Versuche dich in die Position des anderen hineinzuversetzen.
3. Wenn du dir über alles etwas klarer geworden bist, geh auf den anderen zu und frag ihn, ob er mit dir reden will. Wenn der andere das (noch) nicht will,

mach kein Drama daraus, sonst habt ihr gleich wieder Krach.
4. Hört einander zu. Schließlich geht es nicht darum, wer Recht hat oder wer der „Gewinner" ist. Es geht darum, dass ihr versteht, worum es dem anderen geht.
5. Entschuldige dich, wenn es nötig ist.
6. Bleibt beim Thema. Kramt keine alten Kamellen hervor. Das schafft nur neuen Ärger und bringt euch nicht weiter.
7. Versucht, einen Kompromiss zu finden, mit dem ihr beide zufrieden seid. Das Leben ist zu kurz, um es mit Streit zu vergeuden.

Küsse von deiner Mutter (die sich gerne aussprechen würde)

Als Rosa und ihre Mutter sich ausgesprochen haben, legt Rosas Mutter den Arm um ihre Tochter. „Ist jetzt alles wieder in Ordnung, Rosa?"

„Ja, dank deiner tollen Survival-Tipps."

„Aber ich erwarte schon, dass du mir jede Woche einen großen Strauß Blumen von deiner Arbeit mitbringst."

„Deal!"

„Und du versprichst, dass die Schule nicht darunter leidet."

„Ja, das habe ich doch schon gesagt. Und wirklich, ich muss nicht das ganze Wochenende lang ununterbrochen büffeln."

„Und Weggehen nicht öfter als einmal im Monat! Und um zwölf kommt die Kutsche und holt dich ab."

Rosa klatscht in die Hände.

Ihre Mutter zieht Rosa an sich. „Wir drei haben es doch schön zusammen, Abel, du und ich. Findest du nicht?"

„Ja, finde ich auch. Es läuft viel besser als früher. Du bist wieder meine Mutter und das finde ich richtig schön. Na ja ... jedenfalls meistens, wenn du nicht zu viel an mir rumnörgelst."

Rosas Mutter lacht. Sie steht von Rosas Bett auf und blickt zum Monitor. „Wirklich ein schönes Foto! Wie geht es Vincent?"

Rosas Gesicht verdüstert sich. „Er lässt nicht viel von sich hören. Keine Ahnung, wieso. Aber ich will mich auch nicht aufdrängen."

„Weißt du schon, ob er für die Aufnahmeprüfung zugelassen ist?"

Rosa schüttelt den Kopf. „Das Gespräch an der Akademie ist inzwischen schon ziemlich lange her, ich schätze mal, das ist kein gutes Zeichen. Echt bescheuert. Ich habe so fest damit gerechnet, dass er nach den Sommerferien nach Amsterdam zieht."

„Ach, das wird schon", sagt ihre Mutter. „Der Junge ist doch begabt."

Rosa nickt. Dann setzt sie sich auf. „He, Mama, wie war es eigentlich bei der Handleserin? Da warst du doch heute, oder?"

Ihre Mutter nickt.

„Erzähl! War sie eine Zigeunerin in einem Zelt, mit wilden schwarzen Haaren und einer Glaskugel? Jetzt erzähl schon! Ich bin total neugierig!"

„Ich dachte, du kannst mit diesen nebulösen Dingen, wie du sie genannt hast, nichts anfangen?", feixt ihre Mutter.

„Jetzt lass mich nicht so zappeln!"

„Also gut, ich habe mich an einen Tisch gesetzt und sie hat zuerst meine rechte Hand genommen und dann meine linke. Sie hat meine Handflächen betrachtet und gesagt, dass ich bald einem Mann mit kräftigem schwarzem Schnurrbart begegnen werde, mit dem ich eine Kreuzfahrt über den Stillen Ozean machen werde. Auf der Fahrt werde ich mich in den Kapitän verlieben, aber der Kapitän sich nicht in mich. Ich springe vor Verzweiflung ins Wasser und werde an eine einsame Insel gespült, wo ich einen Schatz finde und ..."

„Mama, hör auf mit dem Blödsinn!"

„Du willst es also wirklich wissen?"

„Ja, natürlich."

„Sie hat über mich gesprochen. Und alles stimmte! Es war wirklich nicht zu fassen. Es lief mir kalt den Rücken runter."

„Was hat sie denn gesagt?"

„Wie ich bin. Wer ich bin. Es war, als würde sie mich schon mein Leben lang kennen."

„Aber was genau hat sie denn gesagt?"

„Na ja ... dass ich unsicher bin und nicht viel Selbstvertrauen habe. Sie hat gesagt, dass ich in meinem ganzen Leben immer auf Sicherheit gesetzt hätte und dass ich sie vor allem bei Männern gesucht hätte, weil ich ohne Vater aufgewachsen bin."

„Hast du ihr das erzählt?"

„Nein. Das hat sie einfach gewusst."

„Hä? So was gibt es doch gar nicht."

„Tja ... könnte man denken. Aber sie hat gesagt, dass meine Hände wie ein offenes Buch für sie seien."

Rosa betrachtet ihre eigenen Hände. „Ich sehe überhaupt nichts. Nur Linien. Was hat sie noch gesagt? Hat sie dir die Zukunft vorausgesagt?"

Ihre Mutter lacht.

Sie sieht gut aus, bemerkt Rosa, entspannt und viel jünger.

„Nein, so was macht sie nicht. Sie sagt, dass man die Zukunft nicht voraussagen kann. Sie ist nicht festgelegt, es gibt viele Möglichkeiten. Es kommt darauf an, wie man sich entscheidet. Aber sie hat gesehen, dass ich an einem Wendepunkt stehe. Dass sich etwas verändern wird, wenn ich es zulasse."

„Dein Job?"

„Zum Beispiel. Sie hat auch gesagt, dass es ein guter Zeitpunkt ist, etwas zu tun, was ich mich normalerweise nicht trauen würde. Jedes Risiko birgt auch Chancen, hat sie gesagt."

„Hilfe!"

„Und dass ich Talente habe, die zurzeit brachliegen."

„Zum Beispiel?"

„Sie hat gesagt, dass ich sehr musikalisch bin und eine starke Kommunikationslinie habe."

„Du und musikalisch?“

„Ich habe früher davon geträumt, Konzertpianistin zu werden …“

Rosa sieht ihre Mutter mit großen Augen an. „Ich habe dich noch nie in der Nähe eines Klaviers gesehen!“

„Bei einer alten Freundin stand ein Klavier, da habe ich immer drauf rumgeklimpert. Ich konnte keine Noten lesen, doch wenn ich ein Lied gehört habe, konnte ich es ganz passabel nachspielen. Aber ich durfte keinen Klavierunterricht nehmen. Meine Mutter hat gesagt, ich sei nicht musikalisch und es sei darum rausgeschmissenes Geld. Das hat mich schrecklich wütend und traurig gemacht. Vor allem, weil ich ihr nicht geglaubt habe.“

Rosa steht auf und umarmt ihre Mutter. „Oje, Mama, das muss ja schrecklich für dich gewesen sein. Warst du unglücklich, als du in meinem Alter warst?“

„Ja, ziemlich. Ich werde dir mal Fotos zeigen. Ich gucke auf allen Fotos aus dieser Zeit böse.“

„Oh, arme Mama.“

Faule Ausreden

„Rosa, dein Vater ist am Telefon."

Rosas Mutter kommt ins Zimmer. Sie hält die Hand vor den Hörer.

„Rosa?"

„Ich habe zu tun, siehst du das nicht?"

„Rosa! Der Boden ist voller schwarzer Streifen!"

Rosa blickt von ihrer Zeichnung auf. Ihr Gesicht ist mit Holzkohleflecken übersät.

„Wo soll ich denn sonst zeichnen? So ein großes Blatt Papier passt nirgendwohin."

„Rosa, dein Vater." Ihre Mutter zeigt auf das Telefon und streckt es ihr entgegen.

Rosa macht eine abwehrende Bewegung und flüstert ein lautloses Nein.

Ihre Mutter zögert, geht dann aber kopfschüttelnd aus dem Zimmer.

„Tut mir leid, Joop ... Na hör mal, ich kann sie doch

nicht zwingen! ... Ja, das kannst du gern versuchen ...", hört Rosa sie noch sagen.

„Was kann er versuchen?", ruft Rosa ihr nach. Aber ihre Mutter ist schon weg.

Rosa schließt ihre Zimmertür ab und betrachtet mit halb zusammengekniffenen Augen die Zeichnung, die auf dem Boden liegt. Echt originell, so ein zerbrochenes Porträt. Damit kommt in der Schule sonst garantiert keiner an.

Sie seufzt, wischt sich die Hände an einem alten T-Shirt ab und läuft zum Fenster, um einen Blick auf NO FEAR! zu werfen. Irgendwie beruhigt sie das immer.

Hätte sie vielleicht doch ans Telefon gehen sollen? Nein, ihr Vater hat sie schon so oft enttäuscht. Nicht noch einmal!

Es ist *ihr* Leben. Ihr Vater hat sein eigenes Leben. So ist das nun mal. Rosa setzt sich an den Schreibtisch und fährt den Computer hoch.

Niemand in MSN, keine Mail. Wieder nichts von Nose. Schade. Sie schreibt viel öfter als er. Ob das ein schlechtes Zeichen ist? Hat er vielleicht ... Nein! Bloß nicht wieder der Unsicherheit nachgeben! Er macht dieses Jahr seinen Abschluss und hat viel zu tun mit seinen Erbsen aus der Dose. Rosa muss grinsen.

Sie darf ihn nicht zu sehr einengen, das ist nicht gut. Außerdem sind Freunde auch wichtig. Wem soll sie zuerst zurückschreiben, Esther oder Jonas? Während sie noch darüber nachdenkt, erscheint auf einmal das MSN-Icon auf dem Bildschirm.

Joop van Dijk (jvdijk@fastmail.com) hat dich seiner Kontaktliste hinzugefügt.
Willst du
- **diese Person ablehnen**
- **diese Person deiner Kontaktliste hinzufügen**

Rosa hält die Luft an und ihr Herz beginnt zu rasen. Das meinte ihre Mutter also am Telefon! Sie hat ihrem Vater den Tipp mit MSN gegeben.

Rosa starrt auf den Text auf dem Bildschirm. Was soll sie tun?

Rosa lässt den Cursor von einem Satz zum nächsten wandern. Ablehnen? Hinzufügen?

Will sie ihren Vater wieder ihrem Leben hinzufügen? Und Flora und Marieke?

Sie liebt ihren Vater über alles. Sie vermisst ihn schrecklich. Und sie hat eine kleine Halbschwester, die sie noch nie gesehen hat …

Rosa kaut an ihren Fingernägeln. Nein, sie vermisst ihn nicht mehr. Das ist vorbei. Vergangenheit. Das Gefühl hat sie ausgeschaltet. Es geht ihr körperlich und seelisch zu nahe, das will sie nicht mehr. Er kann warten, bis er schwarz wird.

Bist du sicher?, fragt eine Stimme in ihrem Kopf. Meinst du das ernst?

Ja.

Nein.

Rosa drückt auf *hinzufügen*. Sie kann sich ja ruhig mal anschauen, was er zu sagen hat.

Joop: Rosa, bist du da?
Bad Rose: Ja.
Joop: Ich finde es schrecklich, so mit dir reden zu müssen.
Bad Rose: Ach ja? Ich kann es ja auch lassen.
Joop: Nein, bitte nicht. Ich muss dir was Wichtiges erzählen.
Bad Rose: Wichtig für wen?
Joop: Für uns beide. Und deine Schwester will dich auch sehr gerne kennenlernen.
Bad Rose: So ein Unsinn. Sie will überhaupt noch nichts, bloß essen und schlafen. Und außerdem habe ich keine Schwester, nur einen Bruder.

Das ist gemein. Warum ist sie so fies?
Um ihm auch wehzutun.

Joop: Rosa, ich verstehe sehr gut, dass du wütend auf mich bist, darum möchte ich mit dir reden.
Um es dir zu erklären. Und außerdem ist da noch was.
Bad Rose: Da gibt es nichts zu erklären. Ich verstehe das schon.
Joop: Nein, das glaube ich nicht.
Bad Rose: Doch, und ich will deine faulen Ausreden nicht mehr hören. Du hast zu viel zu tun, Meetings, Geschäftsreisen, ich weiß schon Bescheid.
Joop: Schatz, du hast völlig Recht, aber ...
Bad Rose: Ich bin nicht dein Schatz.

Joop: Rosa, ich ...
Bad Rose: Du hast zwei neue Schätze. Ich bin dann jetzt mal weg. Tschüss.

Rosa legt den Kopf auf die Tastatur und bricht in Tränen aus.

Teebeutel und Teerosen

Rosa steht mit klopfendem Herzen und feuchten Händen hinter der Theke und wartet auf den ersten Kunden des Tages. Sie hat gerade geholfen, alle mit Blumen gefüllten Eimer aus dem Kühlraum in den Laden zu tragen. Sie wäre heute Morgen beinahe nicht gekommen, solche Angst hatte sie. Sie hat in der Nacht nur vier Stunden geschlafen, weil sie unbedingt noch so viele Blumennamen wie möglich auswendig lernen wollte. Und als sie endlich eingeschlafen war, hat sie von riesigen Kletterrosen mit dicken giftigen Dornen geträumt, die versuchten, sie zu würgen.

Rosa lässt den Blick durch den Laden wandern. Er ist nicht besonders groß, dafür aber sehr schön, und die Luft riecht feucht und angenehm, wie im Urwald. Nicht, dass sie dort je gewesen wäre ... Die gelben Blumen da in der Ecke sind ... Nelken. Oder doch nicht? Aber sie muss sich doch ganz sicher sein! Sonst ist dies ihr erster und letzter Arbeitstag.

„Rosa! Rosa?“ Herr Rosetti wedelt ihr mit der Hand vorm Gesicht herum.

„Oh, Entschuldigung, ich habe geträumt.“

„Ist wohl gestern etwas später geworden?“

Rosa lächelt höflich. Sie hat größte Mühe, nicht auf seinen Schnurrbart zu starren. Wenn sie sich nicht beherrscht, muss sie ununterbrochen hinsehen. Er ist groß, schwarz und nach oben gebogen, und wenn Herr Rosetti spricht, wippt er auf und ab. Herr Rosetti ist noch nicht so alt, zwischen vierzig und fünfzig, schätzt sie, und er hat Ähnlichkeit mit einem italienischen Zirkusdirektor – klein, kräftig gebaut, große braune Augen, Lachfalten und viele schwarze Haare auf den Armen, die unter seinen aufgerollten, rosa gestreiften Hemdsärmeln hervorschauen. Wenn er einen schwarzen Hut und einen schwarzen Frack tragen würde und dazu eine knallende Peitsche in den Händen hätte, wäre das Bild komplett.

Rosa versucht, ein Kichern zu unterdrücken. Er soll nicht denken, dass sie über ihn lacht, denn er ist nett. Er ist lustig und fröhlich und er liebt seine Pflanzen, das ist ganz offensichtlich. Gerade eben, als er nicht daran gedacht hat, dass sie in der Nähe stand, hat er mit einem Kaktus gesprochen!

Wie soll sie bloß den Tag überstehen? Und wie soll sie verheimlichen, dass sie absolut keine Ahnung von Pflanzen hat?

„Hast du schon mal in einem Blumenladen gearbeitet, Rosa?“

Oh, da naht auch schon die Katastrophe! Herr Rosetti

sieht sie ganz freundlich an, hat den Kopf dabei schief gelegt und zupft abwartend an der linken Spitze seines Schnurrbarts.

„Ähm .... nein, das ist mein erster Job."

„Aber deine Freundinnen haben gesagt, dass du dich gut mit Pflanzen auskennst. Ist das dein Hobby?"

„Äh ... nein ... äh ... ja ... Meine Mutter liebt Blumen. Unsere Wohnung ist voll davon und sie kennt auch alle ihre Namen."

Vor ihrem geistigen Auge sieht Rosa die einzigen zwei Pflanzen, die es bei ihnen zu Hause gibt: ein kümmerliches Gewächs in einem Topf mit trockener, rissiger Erde und einen Kaktus.

„Oh, na dann hat sie dir sicher einiges über Pflanzen beigebracht. Gut so. Ich bin jedenfalls sehr gespannt. Vor dir hatte ich bestimmt zwanzig Bewerberinnen da, aber keine, die einen Teebeutel von einer Teerose unterscheiden konnte!" Herr Rosetti bricht in Gelächter aus. Rosa lacht mit, aber sie merkt, wie ihr die Knie zittern.

Herr Rosetti zeigt nach draußen. „Sieh mal, die alte kleine Dame, die jetzt gleich zur Tür reinkommt, ist jeden Samstag meine erste Kundin. Sie heißt Frau Ten Have und wohnt in einem schicken Haus direkt an der Herrengracht. Streng dich an, Rosa! Sei höflich, das ist ihr wichtig. Ich werde hinten solange frische Ware auspacken."

Rosa läuft zur Tür und öffnet sie mit zitternden Händen. „Guten Morgen. Wie geht es Ihnen?", fragt sie mit einer kleinen Verbeugung und macht einen Schritt zurück, um Frau Ten Have hereinzulassen. Dabei stößt sie gegen einen Blumenkübel. Das Wasser schwappt ihr auf die Hose.

„Guten Morgen, bist du die neue Aushilfe?" Die Dame sieht hinter einer altmodischen Brille aus wässrig blauen Augen zu ihr auf.

„Ja", sagt Rosa. „Absolut frisch … äh, neu. Sie … Sie sind die erste Kundin meines Lebens."

Oh, was hat sie denn jetzt gesagt?

Aus dem Hinterzimmer des Ladens ertönt auf einmal eine dunkle Bassstimme, die eine Melodie singt.

Frau Ten Have zwinkert Rosa zu. „Enrico ist ein Schatz, findest du nicht? Er sagt, dass sich seine Pflanzen besser fühlen, wenn er für sie singt. Vor allem Verdi. Und vielleicht stimmt das auch, denn er hat die besten Blumen der Stadt."

„Er spricht auch mit ihnen", sagt Rosa.

„Oh ja? Wie apart. Und was erzählt er ihnen?"

„Hm … ich habe es nicht genau verstanden."

Da beginnt die alte Dame zu lachen. „Du bist ziemlich nervös, oder? Das brauchst du nicht zu sein, ich verstehe sehr gut, wie du dich fühlst. Komm, lass uns mit einem Dutzend Iris beginnen. Die sehen heute so gut aus. Oder nein, gib mir lieber gleich zwei Dutzend."

Oh, Himmel! Rosa versucht dem Blick von Frau Ten Have zu folgen, um herauszufinden, wo die Iris stehen. Sie beugt sich über eine Vase mit grünen Gewächsen. Sind das Iris? Rosa geht darauf zu. Die Dame lächelt freundlich.

„Dieser Aronstab sieht toll aus. Kannst du einen schönen Strauß machen, zusammen mit den Lilien?"

Rosa nickt verzweifelt. Warum ist Herr Rosetti gerade jetzt nach hinten gegangen? Warum trägt sie nicht einfach Zeitungen aus? Warum hat sie sich nicht zum Blumenzwiebelschälen gemeldet, das ist bestimmt einfacher! Ratlos blickt sie sich um. So viele Blumen, so viele Sorten ... Ihr wird schwindelig.

„Geht es dir gut, Mädchen? Du siehst so bleich aus.“ Besorgt legt Frau Ten Have die Hand auf Rosas Arm.

Rosa holt zitternd Luft. Soll sie bluffen oder einfach ehrlich sein? Scheu blickt sie zu der Tür, hinter der Herr Rosetti vorhin verschwunden ist. Er singt noch immer aus voller Brust.

„Was ist los, Kind? Sag doch etwas.“

Rosa beugt sich zu der alten Dame herunter, die fast einen Kopf kleiner ist als sie. „Ich ... ich weiß nicht, was Lilien sind ... Und diese anderen Blumen, von denen Sie gesprochen haben, erkenne ich auch nicht! Könnten Sie sie mir bitte zeigen?“

Frau Ten Have lächelt. „Ja, natürlich, mein Mädchen. Oh, das ist einmalig! Wirklich köstlich!“

Rosa spürt, wie ihr Kopf noch röter wird als die rötesten Rosen, die es im Laden gibt.

„Dafür muss man sich nicht schämen, Kind“, sagt die Dame und kneift Rosa in die Wange. „Ehrlich währt am längsten und aller Anfang ist schwer. Schau her, das ist eine Iris und das ein Aronstab und diese dort, mit den prächtigen Zwiebeln, das sind Lilien, und aus all diesen Blumen machen wir jetzt einen schönen Strauß. Schnell, bevor Enrico wiederkommt.“

Als Herr Rosetti zehn Minuten später wieder den Laden betritt, läuft Rosa der Schweiß den Rücken hinab, aber die zwei großen Blumensträuße sind ordentlich eingewickelt.

„Sieh nur, wie schön, Enrico! Das hat sie wirklich gut gemacht. Ein echter Gewinn, dieses Mädchen!“, sagt Frau Ten Have lachend und zwinkert Rosa zu.

„Und sie heißt auch noch Rosa“, sagt Herr Rosetti vergnügt.

„Das ist ja kaum zu glauben! Einmalig!“

„Können Sie das denn tragen?“, fragt Rosa besorgt, während Herr Rosetti abkassiert.

„Das ist sehr aufmerksam von dir, Rosa“, sagt Herr Rosetti. „Draußen ist es ziemlich windig. Begleite Frau Ten Have doch geschwind nach Hause, sie wohnt ja nicht weit weg.“

„Okay“, sagt Rosa erleichtert und schnappt sich die Sträuße. Uff, einen Moment raus hier, zum Glück.

Als Rosa eine Viertelstunde später an der Gracht zurückläuft, fünf Euro fest in der Hand, hat sie das Gefühl, vor Glück zu zerspringen. Sie fühlt sich sehr erwachsen. Seht her, ich laufe durch Amsterdam, mit meinem ersten Trinkgeld! Und bald wird sie hier wohnen! Die Welt liegt ihr zu Füßen.

Puh, es weht wirklich ein ordentlicher Wind! Rosa stellt ihren Jackenkragen auf. Dann kommt sie an eine Brücke. Ist das jetzt die Brücke, über die sie hinüber muss, oder ist es erst die nächste? Aus der Jackentasche zieht sie einen kleinen gefalteten Stadtplan. Gut, dass sie daran gedacht hat! Sie ist stolz auf sich selbst. Sie ist kein Baby mehr, sie kann für sich selbst sorgen.

Der Plan wird ihr vom Wind fast aus der Hand gerissen. Mit den Fingern fährt sie die Straßen nach, bis sie wieder weiß, wo sie sich befindet.

Sie schafft es nicht, den Plan wieder ordentlich zusammenzufalten, und stopft ihn einfach zurück in die Jackentasche. Sie geht schneller, die Hände tief in den Taschen vergraben. Sie darf nicht zu lange wegbleiben. Sie will für Herrn Rosetti ihr Bestes geben, sie ist so froh über den Job. Sie lernt diese Namen schon noch. Aronstab, Lilie und Iris, das sind immerhin schon drei!

Rosa verlangsamt ihren Schritt und denkt an Nose. Sie hat nun schon eine ganze Weile nichts mehr von ihm gehört, obwohl sie selbst ihm jeden Tag geschrieben hat. Sie hat ihm auch erzählt, dass heute ihr erster Arbeitstag ist. Keine Reaktion. Ob sein Computer kaputt ist? Sie hat versucht, ihn anzurufen, aber es hat sich wieder nur die Mailbox eingeschaltet. Ob er ... ob er eine andere hat? Hat er genug von ihr? Rosa schüttelt den Kopf. Nein, so was darf sie nicht denken. Sie muss positiv denken! Aber das ist manchmal gar nicht so einfach. Jetzt zum Beispiel.

„So, Rosa, Feierabend für heute. Dafür, dass es dein erster Tag war, hast du deine Sache sehr gut gemacht."

„Auch wenn ich nicht mal eine Lilie von einer Kartoffel unterscheiden kann?", fragt Rosa und lacht verlegen.

Herr Rosetti lacht auch. Er geht zur Tür und schließt ab. „Ja, trotzdem. Ich habe dir deine kleine Lüge ja schon längst verziehen. Ich möchte, dass du bleibst. Du bist höflich zu den Kunden und sorgsam mit den Pflanzen und du hast Humor. Das mögen die Leute. Und außerdem, du kannst schöne Sträuße binden, wirklich, du hast Talent. Das machst du beim nächsten Mal einfach noch mal, und dann kennst du bestimmt schon viele Blumen mit Namen. Du lernst schnell, Rosa."

Rosa glüht vor Stolz. Sie steckt die Hand in die Hosentasche. „Oh, ich habe auch Trinkgeld gekriegt", sagt sie. „Fünf Euro. Bitte."

„Das musst du mir nicht geben, das gehört dir." Herr Rosetti geht zur Kasse und holt zwei Zwanzigeuroscheine und ein paar Münzen heraus. „Und das ist dein Lohn für heute."

„Wow!"

„Du hast es dir wirklich verdient. Du hast hart gearbeitet. Ach ja, das habe ich in dem Trubel ganz vergessen: Ein junger Mann war vorhin für dich da, als du gerade unterwegs warst."

Rosas Herz fängt an zu rasen. „Ein junger Mann?"

„Ja. Groß, Mütze und eine Hose, die halb in den Knien hing."

„Hatte er ..." Rosa wagt kaum, es auszusprechen. Sie spürt, wie ihr Gesicht feuerrot wird. „Hatte er ... eine große Nase?"

Herr Rosetti fängt an zu lachen. „Eine große Nase? Also darauf habe ich nun wirklich nicht geachtet."

„Und er ist einfach wieder gegangen?"

„Ja. Tut mir leid, Kleine." Herr Rosetti drückt Rosa

einen Eimer voller Tulpen in die Hand. „Hier, die müssen in den Kühlraum."

Rosa überlegt fieberhaft. Natürlich kann das nicht Nose gewesen sein. Der ist in Groningen. Aber wer war es dann? Jemand von der Schule? Aber keiner weiß, dass sie hier arbeitet. Jonas? Nein, der trägt keine Baggy Pants und besonders groß ist er auch nicht.

„Hat er gesagt, ob er noch mal wiederkommt?"

Herr Rosetti, der mit drei Blumeneimern beladen in den Kühlraum läuft, dreht sich um. „Nein, er hat nichts gesagt, aber ... He! Das gibt's ja gar nicht! Da steht er!"

Rosa dreht sich um und stößt einen Schrei aus. Der Tulpeneimer fällt mit einem lauten Knall auf den Boden.

Aus der Traum

Von: Esther Jacobs <esther@xs42.nl>
Gesendet: Samstag, 15. März 21:43
An: Rosa van Dijk <rosa_vandijk@hotmail.com>
Betreff: Gefrustete Esther

Hi, Rosie,
ich habe dich schon tausendmal versucht anzurufen, aber du bist nie zu Hause! Und auf meine Mails antwortest du auch nicht. Ich glaube, du hast mich echt vergessen, weil du einen Freund hast und neue Freundinnen.

Esther

Rosa seufzt. Auch das noch! Eine beleidigte Esther hat ihr gerade noch gefehlt.

Es ist noch gar nicht so lange her, da hätte sie ihr sofort

zurückgemailt oder sie angerufen, um ihr zu erzählen, was passiert ist. Aber dazu hat sie jetzt keine Lust.

Von: Rosa van Dijk <rosa_vandijk@hotmail.com>
Gesendet: Samstag, 15. März 23:21
An: Jonas de Leeuw <jdl@xs22.nl>
Betreff: Aus der Traum

Lieber Joni,
heute war der schönste und der döfste Tag meines Lebens. Es war mein erster Arbeitstag als Samstagsaushilfe im Blumenladen Rosmarin. Ich war natürlich tierisch nervös, aber es war richtig klasse. Der Besitzer des Blumenladens, Herr Rosetti, ist sehr nett. Er hat in kürzester Zeit durchschaut, dass ich null Ahnung von Blumen habe, aber er fand es zum Glück nicht schlimm, und darum darf ich bleiben.
Und weißt du, wer um fünf Uhr vor der Tür stand? NOSE! Echt, ich wollte meinen Augen kaum trauen. Ich habe mir vor Schreck einen Blecheimer mit Tulpen auf den Fuß geworfen. Den Rest des Abends habe ich gehinkt, aber ich wurde dabei sehr liebevoll gestützt.
Nose hatte absichtlich eine Weile nichts von sich hören lassen, damit die Überraschung umso größer wird. Ist das nicht megafantastischsuperlieb? (Aber auch ein bisschen gemein, ich habe mir nämlich schon ganz schön große Sorgen gemacht.)
Ich war so froh, ihn zu sehen! Ich konnte es echt nicht

fassen. Es fing an zu dämmern, die Lichter an den Grachten gingen an und wir hinkten Arm in Arm. Voll romantisch. Dann hat Nose gefragt, ob ich Lust hätte, mit ihm essen zu gehen. Na, und ob! Ich habe schnell meine Mutter angerufen und sie hat es mir erlaubt, unter der Bedingung, dass Nose mich nach Hause bringt. Wir sind in ein süßes kleines Restaurant gegangen und es war ein richtig schöner, gemütlicher Abend, bis der Nachtisch kam und Nose mir ein Päckchen überreichte. Darin war eine Webcam! Ein vorzeitiges Geburtstagsgeschenk.
Die Sache mit der Webcam hat einen Grund: Wir werden sie nämlich brauchen. Nose hat erfahren, dass er die Aufnahmeprüfung für die Rietveld-Akademie *nicht* machen darf. Sie fanden ihn noch zu jung und seine Arbeiten zu brav. Unglaublich! Ich bin fast ausgeflippt, als ich das gehört habe. Ich habe laut „Vollidioten!" geschrien und alle im Restaurant haben sich zu uns umgedreht und mich angestarrt. Aber das war mir egal, weil ich so wütend war auf diese Rietveld-Typen. Nose hatte inzwischen auch ein Bewerbungsgespräch in Rotterdam und das ist dafür sehr gut gelaufen. Man hat ihm gleich gesagt, dass er die Aufnahmeprüfung machen darf. Er wird also wohl nach Rotterdam gehen. Mistmistmist! Und noch mal: Mist!
Diese Rietveld-Leute haben sie echt nicht mehr alle. Nose ist das größte Talent aller Zeiten. Du müsstest mal sehen, was für tolle Sachen er macht! Er hat mir

eine Dose Bonbons mit Graffiti mitgebracht. „Wie überlebe ich ohne Bonbons?", steht drauf. Echt lustig! Nose hat mich nach Hause gebracht und ist dann direkt zum Zug gegangen. Ich vermisse ihn jetzt schon. Auf einmal ist alles so schwarz. Vielleicht kannst du ein Gedicht für mich schreiben, um mich aufzuheitern. Ich weiß im Moment einfach nicht mehr weiter.

Küsse von Rosa

Rosa drückt auf *senden* und lässt den Kopf auf die Tastatur sinken.

Nose in Rotterdam. Wie grausam!

Nach einer Weile erscheint auf dem Bildschirm ein Icon. Jonas ist in MSN.

Märchenprinz: He, Rosilein, ich habe gerade deine Mail gelesen.
Bad Rose: Hey, Joni, wie geht's dir? Besser als mir, hoffe ich.
Märchenprinz: Ich lebe noch, das ist doch schon mal was. Dichter müssen verletzte Seelen haben, sonst sind sie ohne Inspiration.
Bad Rose: Ziemlich bescheuert, die Sache mit Nose, oder?
Märchenprinz: Vielleicht hatten die Leute an der Rietveld einen schlechten Tag. Oder sie hatten was mit den Augen oder vielleicht hat Nose ihnen die guten Sachen gar nicht gezeigt.

Bad Rose: Hmm ... weiß ich nicht.
Märchenprinz: Vielleicht kann ich dich mit einem Gedicht aufheitern?

Fische sind fröhlich
Und Katzen sind froh
Mein Hund ist oft nölig
Und ich mag mich so.

Hell scheint der Mond
Am Himmel ein Stern
Jetzt wirst du belohnt,
denn ich hab dich gern!

Bad Rose: :-))) Sehr schön, Joni, ich fühle mich schon ein bisschen besser. Na ja ... etwas weniger düster. Du, ich muss ins Bett, ich bin todmüde. XXXXXXXX
Märchenprinz: Schlaf gut, Rosilein, morgen sieht die Welt schon wieder ganz anders aus. Alles wird gut!
Bad Rose: Glaubst du?
Märchenprinz: Ja, natürlich. Positiv denken!!! Tschüss! Hdgdl!

Familienehre

„Rosa, wach auf!“

Rosa kneift die Augen zusammen, das helle Licht blendet sie. Ihre Mutter steht im Nachthemd in der Zimmertür.

„Rosa, Noa ist hier.“

„Was? Noa? Wie spät ist es?“ Rosa schießt hoch.

„Viertel vor eins.“

Ihre Mutter nickt und geht einen Schritt zurück. Mit hängendem Kopft huscht Noa an ihr vorbei.

„Vielen, vielen Dank, Frau Heerema. Und nochmals Entschuldigung, dass ich Sie so spät störe. Es tut mir furchtbar leid …“

Rosa sieht sofort, dass Noa geweint hat. Sie hat ganz verquollene rote Augen und Flecken am Hals und im Gesicht.

„He, Noa, was ist denn passiert?“ Rosa sieht Noa besorgt an und deutet auf ihr Bett.

Noa setzt sich hin und bricht in Tränen aus. „Oh, Rosa, tut mir so leid, dass ich störe! Aber ich wusste nicht … ich konnte nicht … Sie … sie haben ihn zusammengeschlagen."

„Was? Wen?"

Noa schluchzt immer heftiger. Rosa nimmt sie in den Arm.

„Oh Gott, Noa, was ist denn passiert? Oje … wein dich erst mal aus."

„Er … meine Cousins … Da war Blut, ganz viel und …" Noa findet keine Worte. Sie klammert sich an Rosa fest und weint herzergreifend.

Rosa streicht ihr über das glatte schwarze Haar. „Psst, ganz ruhig, ganz ruhig, Noa."

„Bei Joya war alles dunkel und bei Carmen auch und … ich hoffe, du bist mir nicht böse …"

„Nein, natürlich nicht, spinnst du? Jetzt beruhige dich bitte. Warte, ich hole dir schnell was zu trinken und eine Rolle Küchenpapier." Rosa klettert aus dem Bett und öffnet die Tür. Ihre Mutter steht im Bad und putzt sich die Zähne.

„Was ist denn mit ihr los, Rosa?", flüstert ihre Mutter. „Warum ist sie so durch den Wind?"

„Weiß ich nicht, keine Ahnung. Ich schätze mal, es gab Stress mit ihren Eltern." Rosa läuft an ihrer Mutter vorbei in die Küche. Sie schenkt ein Glas Wasser ein, nimmt eine Rolle Küchenpapier und geht zurück in ihr Zimmer. Noa liegt zusammengerollt auf dem Bett und schluchzt hemmungslos.

Rosa streicht ihr über den Rücken. „Hier, Noa, jetzt putz dir mal die Nase und trink was."

Noa richtet sich auf. Ihre Hände zittern. Sie versucht, einen Schluck zu trinken, aber es gelingt ihr nicht.

Rosa nimmt ihr das Glas ab.

Rosas Mutter kommt ins Zimmer. „Was ist denn passiert, dass du so durcheinander bist?", fragt sie.

Noa sieht Rosa Hilfe suchend an.

„Meine Mutter ist in Ordnung", sagt Rosa.

„Ich erzähle es niemandem weiter", sagt Rosas Mutter. „Bei uns bist du sicher."

„Danke. Vielen Dank." Die Tränen laufen Noa wieder über die Wangen.

Rosas Mutter streicht Noa über den Rücken.

„Meine Cousins haben Samuel zusammengeschlagen. Heute Nachmittag. Wir saßen Hand in Hand im Park auf einer Bank. Ich ... ich habe nicht aufgepasst und ..."

Noa beginnt wieder heftiger zu weinen und verbirgt ihr Gesicht in den Händen. Es ist glühend heiß und nass vor Tränen.

„Noas Eltern sind sehr streng, sie darf keinen Freund haben", erklärt Rosa ihrer Mutter.

„Wenn du willst, kannst du heute Nacht gern bei uns schlafen, Noa", schlägt Rosas Mutter vor und Rosa sieht sie dankbar an.

„Jetzt erzähl, Noa. Was genau ist passiert?", fragt Rosa, kaum dass ihre Mutter das Zimmer verlassen hat.

„Nein, ich will euch nicht auch noch damit belasten."

„Aber das tust du nicht, wirklich nicht. Ich freue mich, dass du zu uns gekommen bist."

Noa starrt auf ihre schmalen Hände, die in ihrem Schoß liegen. Ein paar Schluchzer steigen in ihr auf. Dann holt sie tief Luft und atmet langsam aus. Ihre Augen sind sehr groß und schwarz. Sie sieht auf einmal viel jünger aus als sechzehn. Sie hat die Augen eines ängstlichen kleinen Mädchens.

„Ich hatte mich mit Samuel im Park verabredet. Und dann kamen meine Cousins vorbei, zu dritt. Erst haben sie uns nur ein paar Beleidigungen zugerufen, und dann hat Samuel gesagt, dass sie uns in Ruhe lassen sollen. Da sind sie ausgeflippt."

Noa presst sich die Hand vor den Mund. Ihre Knöchel treten weiß hervor. Rosa sieht jetzt erst, dass ihre Freundin einen geschwollenen dunkelroten Fleck unter dem linken Auge hat.

„Sie haben Samuel zusammengeschlagen und mich nach Hause geschleppt. Meine Mutter wurde total hysterisch und hat mir eine runtergehauen."

„Aber warum darfst du denn eigentlich keinen Freund haben?"

Noa blickt Rosa mit verweintem Gesicht an. „Mein Vater ist sehr streng. Solange ich nicht verheiratet bin, darf ich nichts mit einem Jungen haben. Am liebsten würde er mir verbieten, mit Jungen auch nur zu reden. Alle in der Familie meines Vater denken so, auch seine Brüder."

„Das klingt ja furchtbar, Noa", sagt Rosa entsetzt. „Woher soll man denn wissen, wer zu einem passt? Und überhaupt, was will dein Vater dagegen machen, wenn du dich verliebst? Dich Tag und Nacht einsperren?"

„Im schlimmsten Fall verstößt er mich aus der Familie."

„Aber wo sollst du dann hin?"

„Keine Ahnung."

„Und du glaubst, das könnte wirklich passieren? Oder ist es nur eine leere Drohung? Ich kann mir das gar nicht vorstellen."

Noa reibt sich die Augen und putzt sich die Nase.

„Joya hat erzählt, dass du schon mal einen Freund hattest und dass du damals verdammt großen Ärger gekriegt hast."

„Ja, das stimmt. Letztes Jahr. Als meine Eltern dahinterkamen, haben sie mich hart bestraft. Niemand hat mehr mit mir geredet. Ich wurde täglich zur Schule gebracht und abgeholt, ich durfte nirgends hingehen, meine Mutter hat meinen Stundenplan kopiert ..."

Rosa sieht Noa geschockt an. „Und dein Freund?"

„Ich musste mit ihm Schluss machen. Ich durfte ihn nie mehr wiedersehen."

„Und? Hast du Schluss gemacht?"

Noa nickt traurig. „Es ging nicht anders. Ich habe mich monatelang jeden Abend in den Schlaf geweint."

„Und dann?"

„Und dann vor drei Monaten habe ich mich in Samuel verliebt. Ich konnte nichts dagegen tun. Wir haben beide versucht, gegen unsere Gefühle anzukämpfen, aber es ging nicht. Er ist so lieb, und er versteht mich so gut."

Auf Noas Wangen glitzern Tränen.

Rosa reißt ein Blatt Küchenpapier ab und gibt es ihr. „Und du weißt nicht, wie es Samuel geht?“

Noa beißt sich auf die Lippen. „Als meine Cousins mich wegschleppten, habe ich Polizeisirenen und einen Krankenwagen gehört. Mehr weiß ich nicht.“

„Wie bist du eigentlich hierhergekommen?“, überlegt Rosa laut.

„Ich bin weggelaufen, als alle geschlafen haben.“

„Ach Noa, wie können sie dir so was bloß antun?“, sagt Rosa. Sie geht zum Fenster und starrt einen Moment auf NO FEAR!. Dann dreht sie sich um.

„Wie können deine Eltern nur derart über dein Leben bestimmen? Und wieso haben deine Cousins das Recht, Samuel zu verprügeln? Was haben sie mit alldem zu schaffen?“

„Familienehre“, sagt Noa mit düsterer Stimme. „Es geht um die Familienehre.“

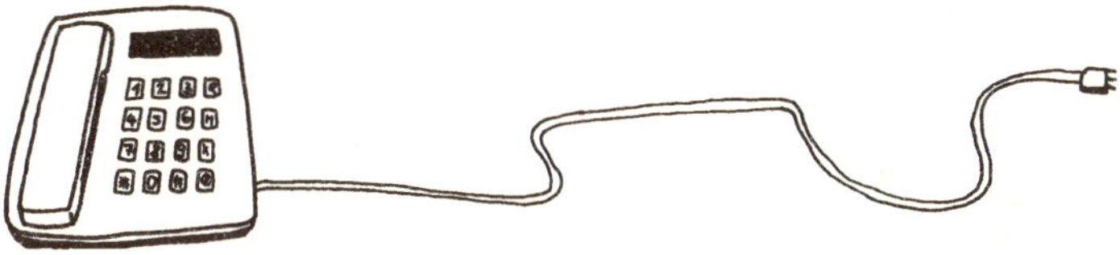

Stolz

Von: Rosa van Dijk <rosa_vandijk@hotmail.com>
Gesendet: Sonntag, 16. März 02:56
An: Vincent van Gelderen <nose@hotmail.com>
Betreff: Miss you

Hallo, lieber Nosie,
bist du gut angekommen? Du liegst jetzt bestimmt schon in deinem Bett und schläfst, ich brauche dich also nicht mehr vor der Webcam zu erwarten. Kannst du sie nicht nachts neben dein Bett stellen? Dann könnte ich zuhören, wie du schnarchst. Ich habe meine Cam schon angeschlossen. Ich freue mich soooo sehr darüber, Nosie. Du hast doch selber gesagt, dass du knapp bei Kasse bist. Nochmals tausendmal danke und eine Trillion Küsse dafür (die kriegst du später). Es ist schon sehr spät, aber ich kann nicht schlafen. Noa war hier. Sie war von zu Hause weggelaufen. Weil

ihre Eltern ihr nicht erlauben, einen Freund zu haben. Ich erzähle dir das bei Gelegenheit genauer, die Geschichte ist echt heftig.
Nachdem wir eine Weile geredet haben, hat Noas Vater angerufen. Er hatte entdeckt, dass sie verschwunden war. Er wollte Noa abholen und hat gefragt, wo wir wohnen. Da hat meine Mutter gesagt, dass sie es besser fände, wenn Noa eine Nacht bei uns bleiben würde, damit sich alle beruhigen können.
Du hättest den Mann brüllen hören sollen! Noa saß zitternd auf dem Sofa und ich auch. Aber meine Mutter hielt sich das Telefon einfach ein Stück vom Ohr weg und blieb ruhig. Sie hat gesagt, dass sie sich mit Noa beraten würde und hat aufgelegt. Dann hat sie Noa angeboten, über Nacht bei uns zu bleiben.
Zuerst hat Noa gezögert, aber schließlich wollte sie doch nach Hause.
Das habe ich echt gar nicht kapiert. Ich würde niemals zu so einem durchgeknallten Tyrannenvater zurückgehen!
Ich hab sie gefragt, warum sie zurückwill, und sie meinte, es sei nun mal ihre Familie und sie gehöre dahin. Ich habe natürlich protestiert. Aber es hatte keinen Sinn. Meine Mutter hat gesagt, dass sie Noa gut verstehen kann. Sie hat auch versprochen, mit Noas Eltern zu reden. Noa war allerdings der Meinung, dass das nie funktionieren würde, weil ihr Vater absolut niemandem zuhört, und einer Frau schon gar nicht.

Als meine Mutter wieder bei Noas Eltern anrief, hatte sich ihr Vater zum Glück etwas beruhigt. Das Gespräch dauerte sehr lange. Ich habe versucht Noa abzulenken, sie tat mir so leid. Sie saß nur da und hat mit ihren großen schwarzen Augen vor sich hin gestarrt.
Dann kam meine Mutter zu uns und sagte: „Dein Vater erlaubt, dass du hier schläfst." Noa konnte ihren Ohren kaum trauen.
Meine Mutter ist wirklich großartig. Ich bin echt stolz auf sie!
So, ich hoffe, dass ich jetzt schlafen kann. Ich sehe noch mal schnell nach Noa. (Sie liegt auf dem Sofa. Sie ist so bescheiden, sie wollte absolut nicht in meinem Bett schlafen, obwohl ich ihr das angeboten habe.)

Alles Liebe von deiner Mausekatze

Klaviermusik

„Yes!“, sagt Carmen und zeigt auf den Aushang im Schulflur. „Die Doppelstunde Englisch fällt aus. Zwei Stunden frei. Was fangen wir mit der Zeit an, die Damen?“

„In den Supermarkt gehen, ich sterbe vor Hunger“, sagt Rosa. „Ich lade euch ein.“

„Nein, du zahlst viel zu oft für uns“, sagt Joya. „Dieses Mal bin ich dran. Kommst du mit, Noa?“

Noa schüttelt den Kopf. „Ich muss noch ein paar Matheaufgaben machen. Geht ruhig. Bringt ihr mir ein Croissant mit?“

„Also gut“, sagt Carmen. „Du kriegst eine ganze Tüte voll, du wirst nämlich viel zu dünn. Guck dir mal deine Arme an!“ Carmen umschließt Noas Handgelenk mit den Fingern. Es ist in der Tat sehr dünn.

Noa schiebt sie lachend weg. „Macht euch bloß keine Sorgen um mich, ich komme schon klar.“

Beim Einkaufszentrum angekommen schlüpfen Joya, Carmen und Rosa gleichzeitig durch die Drehtür. Schräge Klaviermusik schallt durch das Gebäude.

Fröhlich plaudernd laufen die Mädchen durch den Eingangsbereich in Richtung Supermarkt. Mitten in der Halle steht ein Flügel, auf dem jeder spielen darf, der will.

„Oje, derjenige, der heute am Klavier sitzt, ist aber nicht besonders begabt“, sagt Carmen lachend und steckt sich die Finger in die Ohren. „Meine Güte, das klingt wirklich total schräg!“

„Voll peinlich“, sagt Rosa. „Welcher Anfänger setzt sich denn bitte schön hierhin und spielt? Echt total daneben! Üben kann man zu Hause im Kämmerlein, wo niemand einem zuhören muss.“

„Es sei denn, man hat zu Hause kein Klavier“, bemerkt Joya.

„Oder man ist ein Verrückter und frisch aus der Irrenanstalt entflohen“, sagt Rosa.

Auf einmal bleibt Carmen stocksteif stehen. Sie dreht sich um und hält Rosa die Augen zu. „Rosa, stopp! Geh nicht weiter!“

„Was ist denn?“, fragt Rosa erschrocken und versucht sich zu befreien. Aber Joya hat bereits ihren Arm gepackt und zusammen ziehen Carmen und Joya sie in Richtung Drehtür.

„Wisst ihr was, ich habe doch mehr Lust auf Pommes“, sagt Carmen. „Die Croissants kommen mir schon zu den Ohren raus. Außerdem ist der Supermarkt eh viel zu teuer.“

„Aber ... aber ich wollte gar kein Croissant, ich wollte ein ... He, was soll das? Was ist los?"

Unterdessen ist noch immer die falsche Klaviermusik zu hören. Rosa sieht, dass die Leute, die mit ihren Einkaufswagen vorbeifahren, lachend auf den schlechten Pianisten zeigen. Rosa kann nicht sehen, wer da spielt, weil der aufgeklappte Flügel ihr die Sicht versperrt. Dann fällt ihr Blick auf die Einkaufstasche, die neben dem Flügel steht.

„Oh nein!", ruft Rosa. „Die Tasche kenne ich! Ist das meine Mutter? Das darf nicht wahr sein!"

Carmen nickt und bricht in Gelächter aus.

Rosa will auf den Flügel zulaufen, aber Joya hält sie auf.

„Rosa, ich glaube, dass ist jetzt keine so gute Idee."

„Aber sie macht sich total zum Affen!" Rosa versucht sich loszureißen. „Und mich auch!"

„Aber es weiß doch kein Mensch, dass das deine Mutter ist! Jedenfalls keiner außer uns", sagt Carmen kichernd. „Lass sie doch! Wenn sie dich sieht, kriegt sie einen Anfall. Dann schämt sie sich zu Tode."

Rosa holt tief Luft. Dann beginnt sie auch zu lachen. „Wie fürchterlich! Daran ist nur diese Handleserin schuld! Die hat gesagt, dass Mama ihrem Herzen folgen soll und Dinge tun, die sie sich normalerweise nicht trauen würde. Oh Mann, wie überlebe ich meine Mutter?"

Freiheit

„Noa, wir haben Pommes mitgebracht“, ruft Carmen, als sie das beinahe leere Schulfoyer betreten. „Sie sind noch warm.“

Sie lassen sich neben Noa nieder, die über ihre Bücher gebeugt an einem Tisch sitzt.

Joya hält ihr die Pommes hin. Noa lächelt, aber schüttelt den Kopf. „Nein, ich möchte nicht, vielen Dank.“

„Du bist doch nicht im Hungerstreik?“, fragt Carmen und steckt sich drei Pommes gleichzeitig in den Mund.

„Nein ... einfach nur keinen Appetit.“

„Du machst dir Sorgen um Samuel, oder?“, fragt Joya.

Noa nickt und reibt sich die Augen. Sie sieht sehr müde aus. „Ich weiß nicht mal, wie es ihm geht. Wir haben überhaupt keinen Kontakt mehr.“

„Möchtest du ihn anrufen?“, fragt Carmen. „Hier, nimm mein Handy. Dann kriegen deine Eltern es nicht mit.“

Noa lässt den Kopf sinken.

„Traust du dich nicht?"

„Was hat das denn für einen Sinn? Ich bringe ihn und mich nur in Schwierigkeiten. Unsere Beziehung hat keine Zukunft."

Eine Träne fällt auf Noas Mathebuch. Joya nimmt ihre Hand.

Carmen zieht eine Packung Taschentücher aus ihrem Rucksack und gibt sie Noa.

Noa wischt sich die Tränen ab.

„Kannst du nicht noch mal mit deinen Eltern reden, Noa?", fragt Rosa leise.

„Wie denn? Ich habe es euch doch schon erklärt. Es gibt einfach keinen Ausweg. Ich werde verstoßen, wenn ich nicht gehorche."

Rosa stellt ihre Pommes auf dem Tisch ab. „Aber wenn du jetzt aufgibst, hat deine Beziehung mit Samuel keine Chance mehr! Dann könnt ihr nie richtig zusammen sein."

Noa sieht sie unsicher an. „Ja, ich weiß ... Und weiter?"

„Na ja ..." Rosa schlägt schwungvoll die Beine übereinander und wirft einen Blick auf die Uhr. Es wird voller im Foyer, denn in einer Viertelstunde beginnt bereits die nächste Stunde.

„Wenn du dich gegen deine Eltern wehrst, weil du nicht ihrer Meinung bist, verändert sich vielleicht etwas. Wenn du dich nicht wehrst, ändert sich gar nichts."

„Ja, stimmt. Wenn ich mich wehre, fliege ich raus."

„Aber deine Eltern lieben dich doch! Die schmeißen dich bestimmt nicht raus."

Noa verzieht das Gesicht.

„Sie wollen ja eigentlich nur das Beste für dich. Und sie glauben zu wissen, was das ist. Du musst ihnen zeigen, dass sie Unrecht haben. Dass dein Leben gut ist, auch wenn es anders ist, als sie sich das vorstellen." Rosa sieht Noa fest an. „Du musst dich nur trauen, Noa."

„Ja, Noa, wenn du etwas wirklich willst, dann kannst du es auch schaffen. Das behauptet meine Mutter auch immer", sagt Carmen.

„Aber ... es ist Tradition und auch unsere Kultur ... Ich muss mich einfach anpassen."

Rosa lässt nicht locker. „Aber hier lebst du in einer ganz anderen Kultur, zwischen lauter Mädchen, die selbst Entscheidungen treffen können und ihre Freiheiten haben. Die sich verlieben dürfen, ohne dafür bestraft zu werden ..."

In diesem Moment geht der Gong. Joya klatscht in die Hände. „Sehr gute Rede, Rosa, du solltest in die Politik gehen!"

„Absolut", sagt Carmen. Sie nimmt die halb leere Pommestüte und wirft sie in den Mülleimer.

Rosa legt Noa die Hand auf den Arm. „Bist du mir jetzt böse, Noa? Weil ich das alles gesagt habe?"

Noa sieht sie an. „Nein ... nicht böse. Überhaupt nicht, Rosa. Ich weiß ja, dass du es gut meinst. Aber du kannst es dir vielleicht auch nicht vorstellen, mein Leben, meine Kultur ... Aber ich werde darüber nachdenken. Allerdings weiß ich nicht, ob ich stark und mutig genug bin."

Joya schlingt die Arme um Noa und Rosa. „Hauptsache, du weißt, dass du nicht alleine bist.“

Rosa spürt plötzlich einen Kloß im Hals, die Tränen brennen ihr in den Augen.

Carmen stellt sich zu ihnen und umarmt ihre Freundinnen. „Nein, wir sind nicht allein.“

MSN und Telefon

Bad Rose: Hey, Nosie, ich kann dich sehen! Es ist ein Wunder!
Nose Superkünstler: Oh Rosiiiii, ich sehe dich auch! Wie schön du heute bist!
Bad Rose: Und du erst! Ich bin geblendet! Was hast du denn da an?
Nose Superkünstler: Meinen Maleroverall, ich zeige dir schnell, was ich gerade mache …

In dem kleinen Fenster auf Rosas Monitor erscheint eine bunte besprühte Schachtel.

Bad Rose: Wow, schön! Was ist das?
Nose Superkünstler: Ein besprühter Pizzakarton. Ich arbeite wie verrückt, ich habe einen Auftrag von einer Galerie bekommen.
Bad Rose: Ehrlich? Das ist nicht dein Ernst!! Erzähl!!

Nose Superkünstler: Der Besitzer von der Galerie hat die Dosen im Supermarkt gesehen, und da hat er mich angerufen und gefragt, ob ich Interesse an einer Ausstellung hätte. Er hat eine Galerie für junge Künstler. Er hat mir gesagt, dass ihn meine Arbeiten an die von Andy Warhol erinnern.
Bad Rose: Ist das nicht dieser berühmte amerikanische Pop-Art-Künstler?
Nose Superkünstler: Exakt.
Bad Rose: Aber das ist suuuuuper, Nose! Herzlichen Glückwunsch! Oh, ich bin so wahnsinnig stolz auf dich!!!
Nose Superkünstler: Vielen Dank, vielen Dank.
Bad Rose: Hast du eigentlich die Nose-Superkünstler-Artikel bei der Rietveld-Akademie gezeigt?
Nose Superkünstler: Nein.
Bad Rose: Und Fotos von deinen Graffitis?
Nose Superkünstler: Nein, so was ist doch für die keine Kunst, nur Schmiererei.
Bad Rose: Woher weißt du das denn so genau?
Nose Superkünstler: Lass gut sein, Rosa. Es ist nicht zu ändern. Jetzt muss ich meine Chance in Rotterdam nutzen.
Bad Rose: Aber ärgerst du dich nicht?
Nose Superkünstler: Ich ärgere mich zu Tode! Und mein Selbstvertrauen geht gegen null. Das war übrigens auch ein Grund, warum ich mich eine Weile nicht bei dir gemeldet hatte. Ich musste erst mal alleine damit klarkommen. Ich hatte insgeheim ehrlich gesagt

damit gerechnet, dass sie total begeistert von mir sein würden.
Bad Rose: Ich auch!
Nose Superkünstler: Und ich hatte mich auch schrecklich darauf gefreut, in deiner Nähe zu wohnen. Aber was soll ich machen? Wenn sie mich nicht wollen, wollen sie mich nicht.
Bad Rose: Du darfst nicht so leicht aufgeben! Wenn du etwas willst, dann kannst du es auch schaffen. Oh, warum guckst du denn so traurig?
Nose Superkünstler: Ups, hab total vergessen, dass du mich sehen kannst ... Ich vermisse dich einfach ganz schrecklich. Es ist so schön mit dir ...
Bad Rose: Ich vermisse dich auch. Du darfst dich nicht so runtermachen. Glaub an dich!
Nose Superkünstler: Ha, hört, hört, wer da spricht! Weißt du, dass du dich in letzter Zeit ziemlich verändert hast?
Bad Rose: Inwiefern?
Nose Superkünstler: Du bist viel erwachsener geworden und selbstsicherer. Erinnerst du dich noch, wie du vor einem Jahr drauf warst? Amsterdam tut dir gut.
Bad Rose: danke schön.
Nose Superkünstler: Ich habe übrigens gerade ziemlich schlechte Laune. Meine Eltern nörgeln die ganze Zeit an mir rum.
Bad Rose: Wieso?
Nose Superkünstler: Sie finden, dass ich mich in der

Schule mehr anstrengen sollte, statt Pizzakartons und Dosen zu besprühen. Ich stehe nämlich ziemlich auf der Kippe.

Bad Rose: Was? Das wusste ich ja gar nicht.

Nose Superkünstler: Ja, du glaubst immer, ich hätte so ein Megahirn, aber ich hab ja schon das letzte Schuljahr nur mit Ach und Krach geschafft.

Bad Rose: Du kriegst das schon hin, du bist brillant.

Nose Superkünstler: Ja, danke für dein grenzenloses Vertrauen in mich :-). Aber was die Schule betrifft, ist es nicht angebracht. Ich habe einfach nie Lust zu lernen. Es gibt so viele andere Sachen, die mir viel mehr Spaß machen: Skaten, Sprayen, abends weggehen ...

Bad Rose: Jetzt tu mal nicht so, als ob du ständig um die Häuser ziehst!

Nose Superkünstler: Nein, nicht ständig, aber laut meinen Eltern zu oft.

Bad Rose: Eigentlich erzählst du mir ziemlich wenig davon, was du abends so machst. Warum eigentlich?

Rosa wirft einen Blick auf Nose' Gesicht. Er tippt angestrengt. Seine dunklen Locken fallen ihm vor die Augen und er sieht fröhlich und hübsch aus in seinem mit Farbe beschmierten Overall.

Nose Superkünstler: Um dich nicht eifersüchtig zu machen.

Bad Rose: Es ist doch normal, dass du was unter-

nimmst! Ich würde es eher verdächtig finden, wenn du zu Hause bei deiner Mutter auf dem Sofa sitzen und Topflappen häkeln würdest. :-)
Nose Superkünstler: Siehst du, genau das meine ich,
Mausekatze: Früher hättest du das nicht gesagt.

Nose sieht sie im Bildschirm an und zieht ein Gesicht. Rosa lächelt und streckt die Zunge raus.

Bad Rose: Du hast dich auch verändert. Du küsst noch besser.
Nose Superkünstler: Ich habe einen Kurs belegt. Einen rein theoretischen natürlich.
Bad Rose: Hihihi, da hast du bestimmt mit Höchstpunktzahl bestanden!

Rosa sieht Nose' breites Grinsen. Sie geht dichter an die Kamera heran und macht einen Kussmund. Nose tut dasselbe.

Bad Rose: Hihi, toll diese Cam! Noch mal tausendtrillionenmal danke, Nosie.
Nose Superkünstler: Es war ein Geschenk in eigenem Interesse. Sonst vergesse ich, wie du aussiehst.
Bad Rose: Oh, es gibt übrigens Neuigkeiten aus Rosas Welt. Es geht um meine Mutter. Sie hat heute in einem Einkaufscenter Klavier gespielt.
Nose Superkünstler: Deine Mutter kann Klavier spielen???

Bad Rose: Nein, kein bisschen. Voll peinlich!!!
Nose Superkünstler: :-))) Ich sehe es direkt vor mir.

Rosa sieht, dass Nose laut lachen muss.

Bad Rose: Als ich nach Hause kam, konnte ich es nicht lassen. Ich habe sie darauf angesprochen.
Nose Superkünstler: Ups.
Bad Rose: Sie wurde rot wie eine Tomate. Und sie hat gesagt, dass es für sie ein Durchbruch war und dass sie sich jetzt völlig befreit fühlt. Sie wird sich ein Klavier kaufen und Unterricht nehmen, und sie will wieder studieren, weil sie sich nicht bis an ihr Lebensende mit unsinnigen Modereportagen beschäftigen möchte.
Nose Superkünstler: Wow!
Bad Rose: Das kannst du aber laut sagen. Oh, wenn man vom Teufel spricht! Meine Mutter ruft. Telefon für mich.

Rosa wirft dem Bildschirm eine Kusshand zu, steht auf und geht ins Wohnzimmer. „Wer ist dran?"

„Marieke."

Rosa braucht einen Moment, um den Namen einzuordnen. „Hä? Papas Marieke? Die hat mich noch nie angerufen. Was ist denn los? Warum schaust du so ernst?"

„Marieke wird es dir selber erzählen."

Ihre Mutter drückt ihr das Telefon in die Hand.

„Ja, hallo", sagt Rosa steif, während sie mit dem Telefon am Ohr in ihr Zimmer zurückgeht und sich auf ihren Stuhl fallen lässt.

Auf dem Bildschirm winkt ihr Nose zu. Rosa zieht eine Grimasse und zeigt auf das Telefon.

„Hallo, Rosa, hier ist Marieke."

„Ja, ich weiß. Was ist los?"

„Rosa, ich muss dir was Schlimmes erzählen."

Rosa richtet sich auf. „Was denn?", fragt sie und hat sofort ein ungutes Gefühl.

„Es geht um deinen Vater. Er ... er musste operiert werden. Er hatte gestern einen Herzinfarkt."

„Was?" Rosa stockt der Atem. Sie lässt vor Schreck beinahe das Telefon fallen. Alles um sie herum wird auf einmal still und weiß, als ob sie gleich ohnmächtig wird.

„Aber ... wie das denn, so plötzlich?"

„Dein Vater stand auf der Warteliste für eine Ballondilatation."

Rosa hört, dass Mariekes Stimme zittert. Eine Welle der Übelkeit steigt in ihr auf.

„Eine Ballondilatation? Was bedeutet das?", fragt Rosa schrill und panisch.

„Rosa, ich verstehe, dass es für dich ein Schock ist, aber versuch bitte ruhig zu bleiben." Im Hintergrund hört Rosa ein Baby weinen.

Rosa dreht sich der Magen um, ihr ist auf einmal ganz schwummerig. Sie klammert sich an den Rand ihres Schreibtisches.

„Dein Vater hat sich schon seit einer ganzen Weile nicht gut gefühlt, Rosa. Irgendwann ist er zum Arzt gegangen. Es hat sich herausgestellt, dass zwei Herzkranzgefäße verengt waren und dass eine Ballondilatation gemacht werden muss. Dabei wird ein Draht mit einer Art Ballon in die Gefäße geführt. Sie werden dadurch gedehnt und das Blut kann besser fließen. Er stand auf der Warteliste, er wäre nächsten Monat an der Reihe gewesen, aber gestern Abend ist es dann passiert ..."

„Und wie geht es ihm jetzt?", piepst Rosa.

Das Baby im Hintergrund weint lauter.

„Sein Zustand ist jetzt stabil, allerdings sind die ersten vierundzwanzig Stunden immer am kritischsten. Er liegt auf der Intensivstation. Es war wohl eine ziemlich schwere Operation."

„Warum erfahre ich das erst jetzt?"

„Dein Vater hat sehr lange für sich behalten, dass es ihm nicht gut ging. Er hat es nicht mal mir erzählt. Um mich nicht zu beunruhigen, weil ich mit Flora schwanger war. Und als er wusste, dass es etwas Ernstes ist, wollte er es dir erzählen, aber ..."

„Wo liegt er?", unterbricht Rosa sie.

„Im Catharinen-Krankenhaus in Eindhoven."

Rosa drückt das Telefon aus und lässt es fallen.

Sie packt ihren Rucksack, geht zum Schrank und zieht einen Pullover heraus. Vom Schreibtisch nimmt sie ihr Handy und ihren MP3-Player.

Ohne sich von Nose zu verabschieden, fährt sie den Computer herunter.

„Rosa, was hast du vor?", fragt ihre Mutter, die plötzlich im Türrahmen steht.

Rosa wirft sich den Rucksack über die Schulter und marschiert an ihr vorbei.

„Wo willst du hin?“, ruft ihre Mutter noch einmal.

Rosa geht zur Wohnungstür. „Ich fahre nach Eindhoven.“

„Aber Rosa, es ist halb acht ... und du hast kein Geld und ...“

„Doch, habe ich, aus dem Rosmarin!“ Ohne die Antwort ihrer Mutter abzuwarten, dreht Rosa sich um, verschwindet im Treppenhaus und schlägt die Tür zu.

Unterwegs

Rosa sitzt im Zug. Wie betäubt starrt sie in das dunkle Fenster und sieht in der Scheibe ihr Spiegelbild. Sie hört laut Musik, sodass sie allein ist, abgetrennt vom Rest der Welt, wie in einem Kokon.

Sie denkt an ihren Vater. Ihren gesunden Vater, ihren großen, starken Vater. Ihren Vater, der nie krank ist. Aber er war doch krank, und sie hat nichts davon gewusst. Was weiß sie eigentlich überhaupt von ihm?

Er hat sie verlassen, kurz bevor sie zwölf Jahre alt wurde. Es war der schrecklichste Geburtstag ihres Lebens. In ein paar Tagen wird sie sechzehn. Vielleicht hat sie dann keinen Vater mehr?

Rosa muss an eine andere Zugfahrt denken. Damals war sie unterwegs von Groningen nach Den Bosch. Sie wollte von zu Hause abhauen, war wütend, traurig und durcheinander.

Eine Frau saß mit ihr im Abteil. Heute nennt Rosa sie

die „Zauberfee". Sie war rund und mollig und trug ein Blumenkleid. Sie rettete Rosa vor dem Schaffner, weil Rosa keine Fahrkarte hatte. Jetzt hat sie eine. Eine einzelne Fahrt nach Eindhoven, von ihrem ersten eigenen Geld gekauft. Was hat die Frau damals zu ihr gesagt? Sie sagte: „Wir sind die Erzähler unserer eigenen Geschichte, unseres eigenen Lebens."

Mit jeder Entscheidung nehmen wir Einfluss darauf, wie unser Leben verläuft. Komisch, dass Rosa dieser Gedanke auf einmal wieder so glasklar erscheint.

Sie schließt die Augen und ballt die Hände zu Fäusten. „Papa, nicht sterben! Papa, bitte, nicht sterben!", fleht sie. „Ich brauche dich, Papa, du darfst nicht sterben."

Sie holt tief Luft, um nicht loszuheulen. Sie sitzt nicht alleine im Abteil.

Rosa macht sich Vorwürfe. Sie hat nicht eine Sekunde darüber nachgedacht, wie es ihrem Vater damit geht, dass sie keinen Kontakt zu ihm will. Sie hat nur an sich selbst gedacht, an ihren eigenen Schmerz. Eigentlich ganz schön egoistisch!

Eine Welle des Schuldgefühls überspült Rosa. Sie krümmt sich zusammen. Wäre doch bloß jemand da, der ihre Hand hält. Der ihr Mut zuspricht.

Sie bereut so sehr, was passiert ist.

Der Zug wird langsamer. Sie sind in Utrecht. Rosa schreckt kurz aus ihren Gedanken auf. Menschen steigen ein und aus. Das Abteil leert sich. Nach kurzem Aufenthalt setzt sich der Zug stockend in Bewegung. Rosa kehrt wieder zu den Bildern in ihrem Kopf zurück: Sie sieht ihren Vater vor sich, als er noch bei ihnen gewohnt hat.

Sie war verrückt nach ihm. Und stolz auf ihren Vater. Er war groß und stark und wusste auf jede Frage eine Antwort. Er konnte Bonbons aus seinem Schuh zaubern. Am Wochenende nahm er sie mit in den Wald und ging mit ihr spazieren. Und sie fuhren zusammen in den Zoo, an den Strand oder sind zusammen in die Bücherei gegangen. Er fand all ihre Bilder großartig und brachte ihr regelmäßig neue Zeichenblöcke mit.

Er hatte immer ein Taschentuch in der Tasche, mit dem er ihr die schmutzigen Hände abwischte, ihr Nasenbluten stillte und ihr die Nase putzte, wenn sie erkältet war. Er saß an ihrer Bettkante und erzählte ihr Geschichten.

Ihr gehen noch mehr Erinnerungen durch den Kopf. Lauter Dinge, an die sie schon lange nicht mehr gedacht hat, weil die Erinnerung daran so schmerzt. Weil sie ihren Vater dann zu sehr vermisst. Weil sie nicht verstehen kann, wie all das Besondere, das sie miteinander gehabt hatten, auf einmal zu Ende sein konnte.

Rosa lehnt den Kopf ans Fenster und schließt fest die Augen.

Bitte nicht sterben, Papa, ich brauche dich. Ich vermisse dich, ich will dich noch so viel fragen und dir so viel erzählen. Ich will dir sagen, dass es mir leidtut. Warte auf mich.

Erst kurz bevor sie in Eindhoven ankommt, nimmt sie ihre Kopfhörer aus den Ohren. Die Musik hallt noch lange nach und ihr brummt der Kopf.

Ihr Handy klingelt. Fünf verpasste Anrufe, drei Nachrichten. Bestimmt von ihrer Mutter. Soll sie einfach nicht drangehen? Aber was, wenn es Marieke ist …

Rosa beißt sich auf die Lippen und klappt das Handy auf.

„Rosa! Endlich gehst du dran! Ich habe mir Sorgen gemacht!" Es ist Nose. „Wo bist du denn?"

„Ich bin im Zug." Rosa richtet sich auf und holt tief Luft.

„Deine Mutter macht sich Sorgen wie verrückt! Sie hat mich angerufen und mir erzählt, dass dein Vater im Krankenhaus liegt."

„Ja. Ich fahre zu ihm."

„Rosa? Ich liebe dich, hörst du? Und ich finde dich sehr tapfer."

„Ich liebe dich auch, Nose."

„Ich rufe deine Mutter an und sag ihr, dass sie sich keine Sorgen zu machen braucht. Hast du denn genügend Geld dabei?"

„Ja, klar."

„Kann ich irgendwas für dich tun?"

„Nein." Auf einmal kommt Rosa ein Gedanke. Eine Idee, die ihr schon im Kopf herumgegangen ist, als sie vorhin gechattet haben, vor Mariekes Anruf. „Oder doch, Nose, es gibt da was."

„Was denn?"

„Du hättest den Leuten bei Rietveld deine Graffitis zeigen müssen. Das ist garantiert der Grund, warum sie dich nicht zur Prüfung zugelassen haben."

Sie hört Nose förmlich grinsen. „Dass du jetzt daran denkst!“

„Aber Nose, es ist wichtig.“

„Ja, aber …“

Am anderen Ende der Leitung bleibt es einen Moment still. Dann sagt Nose: „Okay, okay, ich maile ihnen die Fotos.“

„Ja, mach das.“

„Pass gut auf dich auf, Rosie. Rufst du mich später noch mal an?“

„Ja. Tschüss. Tschüss, Nosie.“

Rosa stellt das Handy aus. Sie will jetzt nicht mit ihrer besorgten Mutter telefonieren. Und keine unangenehmen Nachrichten von Marieke hören. Sie will nur noch zu ihrem Vater. Er wartet auf sie, da ist sie sich sicher.

Gefunden

„Joop van Dijk … Einen Moment. Ja, hier habe ich ihn. Er liegt im vierten Stock, Intensivstation, Zimmer 412. Aber jetzt ist keine Besuchszeit und …“

Rosa hört der Dame hinter der Informationstheke nicht weiter zu und läuft wie ferngesteuert zum Fahrstuhl. Es ist, als hätte sie den Autopilot eingeschaltet. Aber gleichzeitig ist sie völlig klar. Sie will ihren Vater sehen.

Im vierten Stock hält sie zu ihrer eigenen Überraschung niemand auf. Die Gänge sind verlassen, die Tür zur Intensivstation ist nur angelehnt. Sie bleibt einen Moment vor Zimmer 412 stehen und legt die Hand auf die Türklinke.

Vielleicht ist er nicht hier? Vielleicht ist das gar nicht sein Zimmer?

Rosa holt tief Luft und öffnet die Tür. Im Zimmer ist es fast dunkel, eine schwache Lampe taucht den Raum in schummeriges Licht. Sie schließt die Tür leise hinter sich und bleibt stehen, damit ihre Augen sich an die Dunkelheit gewöhnen können. Im Zimmer stehen zwei Betten nebeneinander. Das eine ist leer und das andere ist von Geräten umgeben.

Es riecht seltsam. Nach Desinfektionsmittel, nach Medikamenten, nach Krankheit. Unheimlich.

Sie wagt nicht, näher hinzugehen. Soll sie sich einfach umdrehen und weglaufen?

Nein, sagt die Stimme in ihrem Kopf, du bist schon viel zu oft weggelaufen. Damit muss jetzt Schluss sein.

Rosa nimmt erst jetzt das keuchende Atemgeräusch wahr. Es klingt ungesund. Sie bekommt Gänsehaut und spürt, wie ihre Beine nachgeben.

Warum ist ihr Vater eigentlich allein? Sie hat erwartet, dass Marieke bei ihm ist.

Sie darf hier natürlich nicht einfach so reinplatzen. Gleich stürmt bestimmt eine wütende Krankenschwester herein und schleift sie aus dem Zimmer.

Rosa presst ihren Rucksack fest an sich und macht einen Schritt in Richtung Bett.

Die Gestalt unter der Decke bewegt sich. „Marieke?“, erklingt eine schwache raue Stimme.

Rosa lässt ihren Rucksack fallen und ist in zwei großen Schritten am Bett.

„Papa, ich bin es, Rosa!“

Das grüne Licht der Apparate wirft einen geisterhaften Schimmer auf das Gesicht ihres Vaters.

Erschrocken schlägt Rosa die Hand vor den Mund und weicht einen Schritt zurück. Ist das wirklich ihr Vater? Er sieht so merkwürdig aus. Sie erkennt ihn kaum wieder.

Sein Gesicht ist schmal und grau, und aus seiner Nase und seinen Händen hängen Schläuche.

Ihr Vater keucht. „Marieke?“, fragt er noch einmal kaum hörbar.

Vorsichtig nimmt Rosa die Hand ihres Vaters. Sie fühlt sich kalt und schwach an. Es steckt eine Infusionsnadel darin, von der aus eine Schlange zu einem durchsichtigen Beutel an einem Ständer läuft.

„Papa, ich bin es, Rosa“, sagt sie wieder und beugt sich über ihn. Ihr Vater stöhnt. Die Atmung geht auf einmal in kurzen, abgehackten Stößen. Rosa bekommt Angst. Ist das normal? Muss sie jemanden rufen?

„Papa, du darfst nicht sterben, Papa. Hörst du mich?“

Ihr Vater drückt leicht ihre Hand. „Rosa? Bist du das?“

„Ja, Papa.“

„Rosa ... Rosa ... Bist du es wirklich? Oder träume ich? Ich träume so seltsame Dinge ...“

„Ich bin es wirklich, Papa.“ Rosa haucht ihm erleichtert einen Kuss auf die Hand. Dann kann sie sich nicht mehr länger beherrschen und fängt an zu schluchzen. Sie kniet sich neben das Bett und legt den Kopf auf die Decke.

„Papa“, schluchzt sie. „Papa, du darfst nicht sterben. Bitte, Papa! Mir tut alles so leid.“

Da geht die Tür auf. Ein Lichtstrahl fällt ins Zimmer. In der Tür steht eine Krankenschwester. Sie winkt Rosa zu sich. „Da ist ja tatsächlich jemand! Bitte komm zu mir“, flüstert sie in bestimmtem Ton. „Du darfst gar nicht hier sein.“

Rosa steht auf und folgt ihr in den Flur. Die Krankenschwester schließt die Tür hinter ihr. „Die Pförtnerin hat mir Bescheid gegeben, dass jemand auf dem Weg nach oben ist. Wer bist du und was tust du hier? Wie bist du hier reingekommen? Sag bloß, die Tür war nicht richtig verschlossen!"

Die Krankenschwester sieht sie hinter ihrer runden Brille prüfend an. Sie ist jung, ein bisschen mollig, hat kurzes rotes Haar und freundliche blaue Augen.

„Die Tür war nur angelehnt. Ich möchte meinen Vater besuchen. Ich bin seine Tochter. Rosa van Dijk."

„Aber was tust du hier um diese Zeit?" Sie blickt auf die Uhr. „Es ist halb elf!"

„Ich bin extra aus Amsterdam gekommen", sagt Rosa schnell. „Als ich gehört habe, dass er operiert wurde, bin ich sofort zum Zug. Ich ..." Sie beißt sich auf die Unterlippe, um nicht schon wieder loszuheulen. „Ich habe meinen Vater eine ganze Weile nicht gesehen und ... Wissen Sie vielleicht, ob ... Wie geht es ihm?"

Die Krankenschwester legt Rosa eine Hand auf den Arm. „Komm mit ins Schwesternzimmer. Da kriegst du was zu trinken." Rosa reißt sich los und weicht einen Schritt zurück. „Nein, ich will nichts trinken. Ich will die Wahrheit wissen. Sagen Sie es mir! Wird er sterben?"

„Psst, nicht so laut! Du weckst die anderen Patienten."

„Dann antworten Sie mir! Bitte!"

Die Krankenschwester versucht, sie sanft mit sich zu ziehen. „Komm mit, du bist ja ganz durcheinander. Das kann ich auch gut verstehen. Komm."

„Nein, ich will zu meinem Vater“, sagt Rosa und wischt sich eine Träne von der Wange.

„Aber er schläft. Die Narkose wirkt immer noch.“

„Aber er hat gerade etwas gesagt. Er hat mich sogar erkannt.“

„Ach, tatsächlich? Das ist schon möglich. Aber er hat eine schwere Operation hinter sich und da dauert es eine Weile, bis er wieder ganz bei Bewusstsein ist.“

„Ich will trotzdem bei ihm bleiben“, sagt Rosa stur.

Die Krankenschwester seufzt. „Es ist besser, wenn du morgen wiederkommst. Du hättest gar nicht hier reinkommen dürfen. Es ist ein Skandal, dass die Tür offen stand. Morgen früh um halb elf ist Besuchszeit, und dann ist er …“

„Lassen Sie mich wenigstens noch mal zu ihm, bitte“, unterbricht Rosa sie.

Die Krankenschwester sieht sie einen Moment lang unentschlossen an. Dann lächelt sie. „Also gut. Ich heiße übrigens Nina.“

Rosa sieht sie dankbar an.

„Hast du Hunger?“

Rosa schüttelt den Kopf.

„Ich bringe dir jetzt erst mal was zu trinken.“

Rosa geht ins Zimmer zurück und zieht ihre Jacke aus. Sie schiebt einen Stuhl an das Bett und setzt sich hin. Die Atmung ihres Vaters geht jetzt wieder regelmäßig, aber noch immer schwer. Einige Minuten später geht die Tür auf und Nina kommt mit einem Tablett herein.

„Hier hast du eine Tasse Tee. Und ich habe dir auch eine Decke mitgebracht.“

„Vielen Dank. Und auch riesigen Dank, dass ich bleiben darf.“

Nina nickt freundlich. „In besonderen Fällen machen wir eine Ausnahme. Und so, wie ich das sehe, bist du ein besonderer Fall.“

Rosa wird rot.

„Warum legst du dich nicht in das leere Bett? Dann kannst du ein bisschen schlafen. Du bist sicher müde.“

„Ehrlich gesagt bin ich hellwach. Ist es normal, dass er so schwer atmet?“

Nina tritt näher an Rosas Vater heran und beugt sich über ihn. Sie fühlt ihm den Puls, verrückt sein Kissen und kontrolliert die Geräte.

„Mach dir keine Sorgen, Rosa. Dieser Apparat hier ist mit Monitoren im Schwesternzimmer verbunden. Ich kann dort genau sehen, wie es ihm geht.“

„Oh, Gott sei Dank.“

„Er schläft ganz ruhig, das ist gut. Schlaf ist die beste Medizin.“

„Wofür ist der Schlauch in seiner Nase?“

„Zusätzlicher Sauerstoff, so fällt ihm das Atmen leichter.“

Rosa betrachtet das wachsbleiche Gesicht ihres Vaters auf dem weißen Kissen. Er hat tiefe Schatten unter den Augen und Bartstoppeln. Ab und zu stöhnt er und verzieht das Gesicht.

„Hat er große Schmerzen?“

„Im Normalfall nicht. Er bekommt Schmerzmittel durch die Infusion in seiner Hand."

„Aber ... er ist noch in Lebensgefahr?"

„Die erste Nacht ist immer kritisch. Wenn er die ohne Komplikationen übersteht, sind seine Chancen gut."

„War Marieke heute hier? Seine Freundin?"

„Ja, sie war sehr lange bei ihm, aber sie ist vor ein paar Stunden nach Hause gegangen. Sie war sehr erschöpft."

„Hatte sie ... hatte sie das Baby dabei?"

Nina nickt. „Sie ist nicht deine Mutter, oder?"

Rosa schüttelt den Kopf. „Nein. Meine Mutter und ich wohnen in Amsterdam."

„Ach so, jetzt verstehe ich."

Auf einmal beginnt es an einem der Apparate zu piepsen und zu blinken.

Rosas Vater zuckt und sein Atem stockt.

Rosa schlägt sich die Hand vor den Mund. Nina springt zum Monitor. Ein zweiter Apparat beginnt zu piepsen.

„Papa", flüstert Rosa. „Nicht sterben, bitte nicht sterben ..."

Ein schönes neues Herz

„Geht es wieder, Rosa?“

Mit zitternden Händen führt Rosa die Tasse mit dem kalten Tee zum Mund. „Puh, ich bin immer noch ganz zittrig. Was war denn jetzt eigentlich los?“

„Dein Vater hatte eine Herzrhythmusstörung.“

„Ist das gefährlich?“

„Nicht wirklich, so was kommt nach einer Herzoperation häufiger vor. Es darf nicht zu lange anhalten. Im Normalfall findet das Herz seinen Rhythmus schnell wieder. So wie jetzt, Gott sei Dank.“ Nina behält den Monitor fest im Blick. „Es geht ihm gut, es ist schon überstanden. Sein Herz schlägt wieder gleichmäßig.“

Rosa atmet erleichtert aus. Ihr läuft der Schweiß den Rücken hinunter, obwohl es im Zimmer nicht warm ist.

„Ich muss jetzt meine Runde machen“, sagt Nina nach ein paar Minuten. „Willst du dich wirklich nicht hinlegen?“

„Nein, vielleicht später“, antwortet Rosa. „Aber wenn das wieder passiert? Was mache ich dann?“

Nina lächelt. „Nichts, wir kriegen es ja sofort mit. Es sitzt immer jemand am Monitor im Schwesternzimmer.“

„Rosa? Bist du das?“

Rosa schreckt auf. Sie war vollkommen in die Skizze vertieft. Hastig legt sie ihr Heft und ihren Bleistift auf den Nachttisch, steht auf und beugt sich über ihren Vater. „Ja, Papa, ich bin es. Wie geht es dir? Hast du Schmerzen?“

Die Hand ihres Vaters gleitet zu dem Verband auf seiner Brust. „Was ist passiert?“

„Du bist operiert worden, Papa.“

Die Mundwinkel ihres Vaters zucken.

„Du hattest einen winzigkleinen Herzinfarkt.“ Rosa nimmt seine Hand. „Erinnerst du dich?“

„Vage. Ich weiß nicht …“ Ihr Vater verstummt und kneift seine Augen so fest zusammen, als hätte er eine Schmerzattacke.

Rosa wird gleich wieder nervös. „Papa, geht es?“

Ihr Vater nickt. „Dieses Brennen in meiner Brust … Ich versuche, mich daran zu erinnern.“

„Ganz ruhig, Papa, du brauchst jetzt nicht daran zu denken. Es ist nicht wichtig. Das einzig Wichtige ist, dass es dir bald besser geht. Denk lieber an etwas Schönes.“

„Ich weiß es wieder. Ich saß im Auto.“

„Bist du gefahren?“, fragt Rosa erschrocken.

„Nein, zum Glück nicht. Ich stand auf dem Parkplatz. Ich hatte mich schon den ganzen Tag nicht gut gefühlt. Ich hatte Schmerzen im Arm." Die Hand ihres Vaters wandert zu seinem Hals. „Warum tut mir der Hals so weh?", flüstert er.

„Du hattest einen Schlauch im Hals, zur Beatmung."

Rosa sieht sich suchend um. Auf dem Tisch neben dem Bett steht ein Plastikbecher mit Wasser. Daneben liegt ein Tuch. Sie macht es nass und betupft ihrem Vater damit die Lippen und die Stirn.

„Oh, das tut gut, Schatz. Vielen Dank." Er sieht sie an, seine Pupillen sind riesig und glänzen fiebrig im Licht der Apparate. „Wie schön, dass du da bist, Rosa."

Ihr Vater schließt wieder die Augen und keucht. Rosa streicht ihm über das Haar. Wie grau er geworden ist!

„Ich wollte den Motor anlassen und spürte auf einmal einen fürchterlichen Stich. Einen Krampf in der Brust. Ich wusste sofort, dass es das Herz ist. Ich habe noch versucht, Marieke anzurufen, aber es sprang nur die Mailbox an. Ich dachte … ich dachte, dass ich … dass ich sterbe."

„Ruhig, Papa, mach dir keine Gedanken. Denk an die schönen Dinge. Schäfchen auf der Weide, ein tolles Fußballspiel, Miss Universum …" Rosa wirft verstohlen einen Blick auf den Bildschirm, der das Herz überwacht. Die Linien sehen normal aus. Sie streicht ihrem Vater über die stoppelige Wange. „Du siehst aus wie ein Landstreicher, Papa."

Ihr Vater lächelt leicht und seine Hand tastet auf dem weißen Laken nach ihrer.

Rosa greift sie und hält sie fest.

„Rosie …"

„Ja, Papa?"

Ihr Vater schließt die Augen und es scheint, als würde er wieder in den Schlaf zurückgleiten. „Rosa, du musst wissen, dass ich ... dass ich dich sehr, sehr liebe. Und ich ..."

„Psst, Papa, erzähl mir das später."

„Nein ... jetzt. Vielleicht habe ich keine Zeit mehr ..."

„Und ob, Papa! Du hast noch alle Zeit der Welt!"

Ihr Vater lächelt wieder. „Rosa, es tut mir so leid. Es hat mir so wehgetan, nicht mehr bei dir sein zu können. Ich habe dich so vermisst. Und ich habe mich schuldig gefühlt, weil ich so viel falsch gemacht habe."

Rosa laufen Tränen über die Wangen. „Papa, jetzt hör auf, du darfst dich nicht aufregen."

Ängstlich blickt Rosa auf den Monitor und ihre Hand gleitet zum Alarmknopf.

„Rosa, ich hab dich sehr, sehr lieb."

Rosa wischt sich die Tränen aus den Augenwinkeln und lächelt. „Ich habe dich auch sehr lieb, Papa. Ich habe dich auch schrecklich vermisst. Und es tut mir leid, dass ich so eklig zu dir war. Ich dachte, dass du mich nicht mehr lieb hast und dass ich dir nicht mehr wichtig bin."

Ihr Vater schüttelt kaum merklich den Kopf und streichelt ihre Finger.

„Papa, es wird alles gut. Das verspreche ich dir. Du wirst wieder ganz gesund und dann machen wir alles anders."

Ihr Vater lächelt mit schmerzverzerrtem Gesicht.

Rosa lächelt unter Tränen. Sie hat das Gefühl, dass ihr Herz überläuft vor Glück.

„Ich hab dich lieb, Papa", flüstert sie noch einmal, drückt

ihm einen Kuss auf die Hand und legt den Kopf neben seinen auf das Kissen. Sie hört, dass seine Atmung langsam ruhiger und gleichmäßiger wird. Dann fallen ihr selbst die Augen zu.

Als Rosa die Augen wieder öffnet, hängt sie in seltsamer Haltung zusammengesackt auf ihrem Stuhl. Sie stöhnt und streckt ihren Rücken. Uff, das tut weh.

Ihr Vater schläft ganz friedlich. Sein Gesicht hat wieder etwas Farbe bekommen und die Falte auf seiner Stirn ist auch verschwunden. Rosa betrachtet die Anzeige auf dem Monitor.

„Herr van Dijk“, flüstert sie. „Doktor Rosenstrauch ist sehr zufrieden mit Ihnen.“ Sie gibt ihrem Vater einen Kuss auf die Stirn, steht auf und streckt sich. Hinter ihr öffnet sich die Tür.

„Hallo“, sagt Nina. „Wie geht es dem Patienten?“

„Gut, soweit ich das sehe“, sagt Rosa.

Nina beugt sich über Rosas Vater. „Ja, er sieht schon viel besser aus als gestern.“

Rosa nickt.

„Deine Mutter hat angerufen. Sie war beunruhigt. Aber ich habe ihr gesagt, dass sie sich keine Sorgen zu machen braucht und dass du über Nacht hierbleibst.“

„Danke schön.“ Rosa zieht die Bettdecke ihres Vater zurecht und gähnt.

„Du kannst dich im Bad ein bisschen frisch machen, wenn du willst.“

„Okay.“

„Hast du Hunger? Ich hätte leckere Rosinenbrötchen im Angebot."

„Darf ich eins mitnehmen? Ich muss dringend weg."

„Ja, natürlich."

Nina geht zu dem Apparat am Bett und hängt eine neue Infusion ein.

Rosa drückt ihrem Vater einen Kuss auf die Stirn. „Halte durch, Papa." Dann nimmt sie ihre Jacke und ihren Rucksack und verlässt das Zimmer.

Hundert Prozent Rosa

Draußen ist es noch ganz still. Die Sonne steigt gerade hinter den Dächern hervor. Der Himmel ist hellblau und in einem Baum singt eine Amsel. Rosa bleibt einen Moment stehen, um sie zu betrachten. Dies ist das erste Mal seit dem Winter, dass sie eine Amsel singen hört.

Nach dem muffigen Krankenhausgeruch ist die Luft herrlich prickelnd und frisch. Rosa beginnt zu rennen, während sie hungrig in ihr Rosinenbrötchen beißt.

„Guten Morgen, Herr van Gelderen! Hier spricht Ihre Rosiemausekatze."

„Hä? Wer ist da?"

„Schwester Rosenstrauch. Haben Sie heute Morgen schon Ihre Tabletten eingenommen, Herr van Gelderen? Sie klingen etwas abwesend!"

„Rosa, du verrücktes Huhn! Bist du das?"

„Ja, ich bin es. Hundert Prozent Rosa."

„Wo bist du? Noch im Krankenhaus?"

„Nein, unterwegs. Es ist super Wetter. Heute ist der erste Tag meines neuen Lebens."

„Was soll das denn heißen? Bist du okay?"

„Und wie! Alles ist wieder in Ordnung. Ich bin Nosie-Rosie-froh."

„Deinem Vater geht es also gut? Gott sei Dank!"

„Ja, es geht ihm gut. Ich hab die halbe Nacht an seinem Bett gesessen."

„Ich hab mir totale Sorgen um dich gemacht. Ich wäre dir am liebsten hinterhergefahren. Meine Mutter konnte mich grad so davon abhalten."

„Ich hab kaum geschlafen, aber ich bin überhaupt nicht müde. Oh, Nose, ich bin so froh! Es wird alles wieder gut zwischen Papa und mir! Ich bin so erleichtert!"

„Wie schön! Und was hast du jetzt vor? Bist du auf dem Weg zum Bahnhof?"

„Nein, zu Papas Haus. Nosie, ich muss jetzt Schluss machen, ich will noch meine Mutter anrufen."

„Okay. Tschüss, meine Mausekatze. Ich bin wirklich stolz auf dich!"

Rosa läuft summend und hüpfend weiter. Bis zum Haus ihres Vaters ist es ziemlich weit, aber das Laufen tut ihr gut. Sie wählt die Nummer ihrer Mutter.

„Mama?"

„Rosa! Oh, Schatz, ich hab mir solche Sorgen gemacht! Ich hab ständig versucht, dich zu erreichen, aber ich hatte immer nur deine Mailbox dran. Also habe ich Marieke angerufen und mir von ihr die Nummer vom Krankenhaus geben lassen. Wie geht es deinem Vater?"

„Gut! Die Operation ist gut verlaufen. Papa wird nicht sterben."

„Oh, Gott sei Dank. Der arme Joop! Ich war so erschrocken und ich habe gebetet, dass er nicht stirbt. Wann kommst du denn wieder nach Hause?"

„Heute Abend."

„Soll ich dich abholen? Ich kann mich ins Auto setzen und bin in anderthalb Stunden bei dir."

„Nein, Mama, das ist echt nicht nötig."

„Aber ..."

„Mama, ich bin kein Kleinkind mehr, denk an unsere Survival-Tipps!"

„Ja, morgen wirst du sechzehn."

„Genau das meine ich."

„Ich muss mich wohl erst daran gewöhnen."

„Woran?"

„Dass du schon so groß und selbstständig bist."

Rosa kichert. „Wie erfreulich, dass du das mitbekommen hast."

„Pass gut auf dich auf, mein Schatz. Und wünsch deinem Vater gute Besserung von mir."

„Mach ich! Und gib der Sabbelkrabbe einen dicken Kuss."

Rosa steht vor dem Haus ihres Vaters. Es ist eine große, alte Doppelhaushälfte in einer schönen Gegend. Sie zögert nicht, sondern läuft über den Kiesweg durch den Garten zur Haustür. „Joop van Dijk & Marieke van Heemskerk & Flora" steht auf dem Kupferschild. Rosa schluckt. Das ist jetzt nicht gerade einfach. Sie holt tief Luft und will klingeln, als sie im Haus ein Baby weinen hört. Ihre Schwester!

Plötzlich öffnet sich die Haustür. „Rosa! Was für eine Überraschung! Was machst du denn hier? Komm rein!" Marieke steht mit einem Baby auf dem Arm in der Tür, sie trägt einen knallroten Pyjama mit weißen Punkten. „Ich war gerade unterwegs nach unten und habe gesehen, dass jemand vor der Tür steht. Wie schön, dass du da bist!"

Rosa lacht verlegen. „Ja, ich bin hier, um mein Schwesterchen kennenzulernen."

Kurze Zeit später sitzt sie mit Flora auf dem Schoß am Küchentisch. Die Sonne scheint ins Zimmer.

„Ich habe schon von deiner Mutter gehört, dass du zu deinem Vater gefahren bist. Du bist also heute Nacht bei ihm geblieben? Wie lieb von dir", sagt Marieke. „War er bei Bewusstsein?"

Rosa nickt. „Ja, es geht ihm gut. Wir haben uns sogar ein bisschen unterhalten."

„Und?" Marieke sieht Rosa fragend an.

Rosa lächelt. „Wir haben uns ausgesprochen."

„Oh, du glaubst nicht, wie ich mich darüber freue! Joop hat so darunter gelitten. Danke, Rosa. Du bist wirklich tapfer!"

Rosa beugt sich verlegen über das Baby. Flora kräht und greift nach ihren Haaren.

„Du bist so groß geworden, seit ich dich das letzte Mal gesehen habe! Du siehst gut aus."

„Au! Lass los! Mann, bist du stark!" Lachend versucht Rosa ihre Locke aus Floras dicken Fingerchen zu befreien. Flora quietscht vor Vergnügen und strampelt mit den Beinchen. Rosa streicht ihr über den kahlen Kopf. „Soso, du bist also meine kleine Schwester."

Als Marieke nach oben geht, um sich umzuziehen und Flora zu wickeln, sieht Rosa sich im Wohnzimmer um. Es ist groß und hell, hat einen Holzfußboden und an den Fenstern hängen weiße Gardinen. Auf der Fensterbank putzt sich eine gefleckte Katze.

Auf einem großen Holztisch liegen Stapel von Zeitungen und Zeitschriften. In der Ecke steht eine Kiste mit Babyspielsachen. An einer blau gestrichenen Wand hängen Bilder. Ein Bild kennt sie von früher. Ein Junge auf einem Esel, von Picasso. Das hing damals in ihrem Haus in Den Bosch im Wohnzimmer. Auch eine gerahmte Kinderzeichnung hängt an der Wand. Es ist eine von ihr. Uralt!

Seltsam, dass dies das Haus ihres Vaters ist und dass sie es überhaupt nicht kennt.

Gegenüber dem Tisch steht ein antiker Schrank voll mit Kochbüchern, Geschirr und Fotos. Das Erste, was sie sieht, ist ein Foto von ihr. Darauf ist sie etwa vier Jahre alt und sitzt auf den Schultern ihres Vaters. Sie hat weißblondes Haar und zwei widerspenstige Zöpfe, die vom Kopf abstehen. In der Hand hält sie eine Zuckerwatte. Ihr Vater ist braun gebrannt und lacht strahlend. Daneben stehen zwei Babyfotos in silbernen Rahmen. Zwei Glatzköpfe. Flora und sie. Sie sehen sich ziemlich ähnlich. Rosa grinst. Daneben steht ein Schulfoto von ihr, auf dem sie ungefähr sechs ist. Sie zeigt darauf ein verlegenes Lachen, ihr fehlen die Schneidezähne. Daneben steht auch ein aktuelles Foto. Rosa betrachtet es genauer. Das Foto ist im Garten von ihrem Haus in Groningen aufgenommen worden. Sie wirkt darauf ein bisschen mürrisch. Wie ist das denn bloß hier gelandet?

Die Katze springt von der Fensterbank und läuft miauend auf Rosa zu. Sie bückt sich, um sie zu streicheln. Sie wusste nicht, dass ihr Vater Katzen mag. Es gibt so vieles, was sie nicht weiß.

Marieke kommt wieder ins Zimmer. Sie hat nasse Haare und trägt eine Jeans und ein dunkelblaues Shirt mit langen Ärmeln. Flora hat einen süßen rosa Strampler an.

Rosa streckt die Arme nach ihr aus. „Darf ich sie noch mal haben?"

Marieke legt ihr das Baby in die Arme. Rosa kitzelt Flora unter dem Doppelkinn. „Und, Floramaus, erzähl mal, was für Musik magst du? Ich hör gern Hip-Hop, das werde ich dir mal vorspielen. Abel gefällt das auch. Den kennst du zwar noch nicht, aber das ändern wir bald. Er ist ein sehr hübscher Junge mit blonden Haaren und blauen Augen. Er wird dir gefallen."

Marieke lacht. „Soll ich dir ein Spiegelei machen, Rosa? Du hast bestimmt Hunger."

Rosa nickt. „Ja, gern. Ich habe riesigen Hunger."

„Bist du nicht todmüde?"

„Nein, überhaupt nicht. Ich fühle mich super. Besser als je zuvor."

„Ich bin so froh, dass ihr euch ausgesprochen habt“, sagt Marieke, während sie ein Ei aufschlägt. „Deinen Vater hat es schrecklich mitgenommen, dass ihr keinen Kontakt mehr hattet. Er liebt dich wirklich sehr, Rosa. Das war für ihn immer das Schlimmste an der Scheidung: der Gedanke, dass er dich nicht aufwachsen sieht.“

„Aber das wäre doch gegangen! Warum ist er denn nicht in Den Bosch geblieben?“, fragt Rosa.

„Das war seine Art, mit der Scheidung umzugehen. Er hat sich einen neuen Job gesucht und sich in die Arbeit gestürzt. Er wollte ein neues Leben beginnen. Unbelastet.“

Rosa seufzt. Sie streichelt Flora, die zufrieden am Daumen lutscht, die Wange. Flora sieht sie prüfend aus ihren großen braunen Augen an.

„Jetzt wird jedenfalls alles anders.“

„Das macht mich so froh“, sagt Marieke. „Sehr, sehr froh.“

Rosa lächelt und hebt Flora einen Moment in die Höhe. Die Kleine gluckst und rudert mit ihren molligen Ärmchen.

Rosa in Jonas' Welt

Rosa steht auf dem Bahnhof. Es ist erst vierzehn Uhr. Der Tag ist noch so lang!

Sie fühlt sich immer noch glücklich und leicht. Der nächste Zug nach Amsterdam fährt in einer Viertelstunde. Sie braucht noch eine Fahrkarte.

Als Rosa vor dem Automaten steht, ertönt eine Lautsprecherdurchsage. „Der verspätete Intercity nach Heerlen fährt in fünf Minuten auf Gleis zwei ein."

Heerlen – ganz in der Nähe wohnt Jonas. Rosa zögert. Ihre Finger fahren über die Ortsnamen auf dem Monitor. Warum sollte sie eigentlich direkt nach Amsterdam zurückfahren? Von Eindhoven bis zu Jonas ist es nur eine gute Stunde Fahrt. Und sie hat ihn schon so lange nicht mehr gesehen …

Rosa drückt die Zahlenkombination für Heerlen ein. Wenn sie rennt, kriegt sie den Zug noch.

„Rosa! Bist du's wirklich? Was für eine Überraschung! Was machst du denn hier?" Jonas' Mutter steht in der Tür und sieht Rosa erstaunt an. Sie ist deutlich älter als Rosas Mutter, aber sie sieht sehr gut aus. Sie hat kurz geschnittenes glattes Haar und trägt eine hellblaue Leinenbluse und passend dazu eine Leinenhose.

Rosa sieht sich im Hof um. Es ist so schön, wieder hier zu sein.

„Komm rein, Kind."

Als Rosa in der Küche steht, fasst Jonas' Mutter sie an der Schulter. Kopfschüttelnd sieht sie zu ihr auf. „Mädchen, was bist du groß geworden. Als ich dich das letzte Mal gesehen habe, warst du noch ein Kind, und jetzt bist du eine hübsche junge Frau! Du bist schon größer als ich!"

Rosa grinst.

Es riecht herrlich in der Küche.

„Setz dich doch! Ich habe gerade einen Apfelkuchen aus dem Ofen geholt. Willst du ein Stück?"

Rosa nickt. „Ja, sehr gerne. Lecker!"

Jonas' Mutter stellt einen Wasserkessel auf den großen altmodischen Herd.

„Ist Jonas noch nicht zu Hause?"

„Nein, er kommt erst so gegen fünf. Weiß er, dass du hier bist?"

„Nein, es ist eine Überraschung."

„Oh, wie schön, er wird sich so freuen."

Jonas' Mutter stellt Rosa einen Teller mit einem großen Stück dampfendem Apfelkuchen hin. „Bitte schön, der Tee ist gleich fertig." Sie setzt sich neben sie und sieht sie neugierig an, die Hände unter dem Kinn gefaltet. „Erzähl, Rosa, wie geht es dir? Und wie kommt es, dass du uns besuchst? Bist du extra aus Amsterdam angereist?"

„Nein, ich ... ich war woanders." Rosa nimmt einen großen Bissen. „Oh, das ist der allerleckerste Apfelkuchen überhaupt!"

Jonas Mutter wird rot. „Oh, dann warst du bestimmt in Eindhoven. Da wohnt doch dein Vater, oder? Wie geht es ihm?"

„Er liegt im Krankenhaus."

„Was sagst du? Im Krankenhaus?"

„Ja, er hatte einen Herzinfarkt. Sie mussten ihn operieren."

„Ach, herrjemine, Kind! Wie schrecklich! Und er ist noch so jung! Wie alt ist er genau?"

„Fünfundvierzig. Aber er hat alles gut überstanden. Man hat ihm zwei Bypässe gelegt und die Ärzte meinen, dass er damit hundert Jahre alt werden kann."

„Ach", sagt Jonas' Mutter kopfschüttelnd. „Man hört es heutzutage so oft. Die ganzen jungen Leute ... sie leben so ungesund ... dieser ganze Stress ..."

Rosa nickt. „Ja, mein Vater hat viel zu viel gearbeitet."

„Was für ein Glück, dass alles gut verlaufen ist. Und dass die Medizin heute so viel kann." Kopfschüttelnd steht Jonas' Mutter auf, nimmt den Kessel vom Herd und gießt das heiße Wasser in die Teekanne. „Rosa, wo wir beide jetzt gerade allein sind, darf ich dich etwas fragen?"

Nervosität steigt in Rosa auf. „Ja? Was denn?"

„Es ist wegen Jonas ... Du kennst ihn doch gut, und schon so lange. Ich weiß, dass ihr keine Geheimnisse voreinander habt. Ihr seid echte Freunde."

Rosa legt die Gabel hin. Sie hat auf einmal so eine Ahnung, worauf das Gespräch hinausläuft.

„Weißt du, Rosa, Jonas erzählt uns nicht mehr so viel. Das ist ja auch normal in seinem Alter. Er hält uns wahrscheinlich für ein Paar verkalkter Rentner. Er glaubt, dass wir seine Welt nicht verstehen ..."

„Ach nein, das denkt er absolut nicht", versucht Rosa Jonas' Mutter zu beruhigen.

„Aber er ist sehr viel allein in seinem Zimmer, am Computer. Er verabredet sich nie und er sieht irgendwie nicht gut aus. Wir machen uns Sorgen um ihn. Weißt du, was mit ihm los ist?"

Rosa bricht der Schweiß aus. Sie kann ja kaum sagen: Ja, das weiß ich. Jonas glaubt, dass er schwul ist, und das macht ihm ganz schön zu schaffen.

„Ähm ..." Rosa nimmt einen großen Bissen Kuchen und verschluckt sich sofort daran. Vor Husten laufen ihr die Tränen über die Wangen. Sie übertreibt es ein bisschen, um Zeit zu gewinnen.

Jonas' Mutter steht auf und schenkt Rosa eine Tasse Tee ein. „Hier, Kind, trink einen Schluck."

Als Rosa ausgehustet hat, setzt Jonas' Mutter sich wieder zu ihr und legt ihr die Hand auf den Arm. „Rosa, es kann sein, dass ich falsch liege. Ich traue mich nicht, Jonas darauf anzusprechen, aber ... Ich glaube, dass er ... dass er vielleicht schwul ist." Jonas' Mutter wird rot.

Rosa verschluckt sich wieder und prustet beinahe den Tee über den Tisch.

Jonas' Mutter lächelt. „Also ja ... du brauchst mir keine Antwort zu geben, Kind. Dein Gesicht ist ein offenes Buch."

Erschrocken sieht Rosa sie an. „Aber ich ... ich habe doch gar nichts gesagt!"

Jonas' Mutter steht auf, geht zum Fenster und blickt über den Hof. „Habe ich es doch gewusst! Eine Mutter fühlt so etwas", murmelt sie.

„Ist es schlimm für Sie?"

Jonas' Mutter dreht sich um und lächelt. „Ich möchte, dass Jonas glücklich wird. Das ist das Wichtigste. Natürlich, wir sind schon etwas älter und Jonas ist unser einziges Kind. Ich habe schon das eine oder andere Mal an Enkelkinder gedacht ..." Jonas Mutter lacht, aber sie hat feuchte Augen dabei.

„Ich hätte da noch eine kleine Schwester und einen kleinen Bruder im Angebot", sagt Rosa in dem Versuch, sie wieder aufzuheitern.

Jonas' Mutter lächelt wieder und setzt sich. Gedankenversunken rührt sie in ihrem Tee. „Puh, obwohl ich es schon eine ganze Weile vermutet habe, muss ich mich doch erst an den Gedanken gewöhnen."

„Wieso haben Sie das eigentlich vermutet?", fragt Rosa.

„Ach, da waren lauter Kleinigkeiten. Und ich habe vor einer Weile ein Gedicht gefunden. Ich habe unter seinem Bett Staub gesaugt. Und da bin ich auf ein Heft gestoßen. Es war offen und ... Du darfst das Jonas nicht erzählen, das war wirklich nicht in Ordnung von mir! Weil ich mir solche Sorgen um ihn gemacht habe, habe ich darin gelesen."

„Das Ganze nimmt Jonas schrecklich mit", bemerkt Rosa vorsichtig. „Er hat furchtbare Angst, dass Sie wütend werden oder traurig. Und er hat auch solche Angst, dass man ihn in der Schule deswegen blöd anmacht oder auslacht."

Jonas' Mutter sieht sie verlegen an. „Weißt du, ob er einen Freund hat?"

Rosa schüttelt den Kopf. „Nein, er traut sich nicht."

„Das muss alles sehr schwer für ihn sein."

„Ja, im Moment schon. Und Ihr Mann? Haben Sie ihm von Ihrem Verdacht erzählt?"

„Nein, noch nicht."

„Wird er wütend werden?"

„Nein, das nicht, aber ..."

Das Gartentor öffnet sich. Jonas schiebt sein Fahrrad herein. Hinter ihm tritt sein Vater durchs Tor.

Tag der guten Tat

„Nosie! Ich bin's mal wieder!"

„He, Rosie, du Weltenbummlerin! Wo steckst du dieses Mal? Lass mich raten. Es klingt nach Zug."

„Ja, einmal richtig getippt."

„Bist du auf dem Weg nach Hause?"

„Ja, der Zug ist gerade losgefahren. Weißt du, wo ich herkomme?"

„Von Marieke oder aus dem Krankenhaus?"

„Nein, ich war bei Jonas zu Besuch."

„Echt? Mensch, Rosa, dich hat ja richtig das Reisefieber gepackt. War es schön?"

„Na ja, schön ist das falsche Wort. Ich bin immer noch ganz zappelig. Es war ziemlich heftig. Wegen Jonas. Du weißt schon …"

„Nein, was denn? Dass er dein bester Freund ist? Und Dichter?"

„Ja … und schwul."

„Das weiß ich, das hast du mir erzählt. Sonst wäre ich auch ziemlich eifersüchtig auf ihn."

„Seine Mutter hat versucht, aus mir rauszukriegen, was mit ihm los ist. Sie hat sich Sorgen um ihn gemacht."

„Und? Du hast doch nichts erzählt, oder?"

„Nein, aber sie hat es selbst erraten."

„Oje! Und dann?"

„Na ja, dann kamen Jonas und sein Vater nach Hause. Jonas war natürlich total baff, mich zu sehen."

„Er wusste gar nicht, dass du kommst?"

„Nein, es sollte eine Überraschung sein. Ja, und das war es dann auch. Denn als er unsere Gesichter sah, war ihm sofort klar, dass seine Mutter Bescheid wusste. Kommst du noch mit?"

„Ja, absolut. Und dann?"

„Jonas ist total in Panik geraten. Er hat versucht, mich in sein Zimmer zu schleifen, aber seine Mutter hat ihn aufgehalten."

„Und dann? Du machst es aber sehr spannend."

„Dann haben wir uns alle an den Küchentisch gesetzt, mit Tee und selbst gebackenem Apfelkuchen, der übrigens absolut oberlecker war. Seine Mutter ist wirklich eine echte Küchenfee!"

„Rosa, bitte! Jetzt erzähl endlich, wie seine Eltern reagiert haben!"

Rosa kichert. „Nein, ehrlich, dieser Apfelkuchen! Himmlisch! Mit Walnüssen, Rosinen und Zimt ..."

„Rosa! Hör auf oder ich komme persönlich vorbei, um dir die Ohren lang zu ziehen!"

„Um mir die Ohren lang zu ziehen? Nicht mal, um mich zu küssen?“

„Rosa!“

„Okay, jetzt wieder im Ernst. Seine Mutter wusste ja eigentlich schon Bescheid. Aber sein Vater hat sofort sein Sportgewehr geholt und Jonas aus dem Haus gejagt.“

„Was?“

„War ein Witz.“

„Mann, darüber macht man keine Witze! Also, wie war das jetzt mit Jonas’ Vater? Was hat er gemacht?“

„Er lief total rot an, ich hatte schon Angst, dass er es nicht überlebt. Er ist schon uralt, weißt du, über sechzig. Jonas war auch rot wie eine Tomate. Er hat fast angefangen zu weinen und hat unterm Tisch die ganze Zeit meine Hand gehalten. Total süß.“

„Und dann?“

„Sein Vater hat gesagt, dass er das erst mal verdauen muss. Aber dass er ihn deswegen auf jeden Fall nicht weniger liebt.“

„Wow, tolle Eltern.“

„Ja, oder?“

„Und ob. Jonas ist bestimmt total erleichtert.“

„Ja, klar. Er war total froh. Er hat richtig gestrahlt. Und als er mich zum Zug gebracht hat, hat er mir ununterbrochen etwas über einen Jungen aus der Zwölften erzählt. Einen Sander. Das war richtig lustig.“

„Rosas Tag der guten Tat. Und was hast du jetzt vor?“

„Hm, nach Hause fahren. Schlafen. Ich bin hundemüde.“

„Was hast du gesagt? Ich verstehe kein Wort."

„Das ist die Durchsage. Wir sind gleich in Den Bosch ... He, warte mal ..."

„Rosa! Der Empfang ist so schlecht! Ich verstehe dich immer noch nicht!"

Rosa sieht auf die Uhr, während der Fahrstuhl nach oben fährt. Eigentlich ist es schon viel zu spät. Und sie hat vergessen zu schauen, wann der letzte Zug nach Amsterdam fährt. Aber sie konnte sich diese Gelegenheit nicht entgehen lassen.

„Wer ist da?", erklingt Esthers Stimme hinter der Tür.

Rosa ruft laut: „Buh! Ich bin der große böse Wolf und ich will dich fressen!"

Auf der anderen Seite der Tür ist es einen Moment still. Dann hört sie Esther unsicher fragen: „Rosa? Bist du das?"

„Jupp, ganz und gar."

Sie hört das Geklapper einer Kette und den Schlüssel im Schloss. Die Tür öffnet sich und da steht Esther, bekleidet mit einem sehr schrägen, selbst genähten Nachthemd. „Rosa! Was machst du denn hier?"

Rosa kichert. „Ich wollte dir nur schnell gute Nacht sagen, Esther. Du lagst wohl schon im Bett?"

Esther nickt. „Das gibt's doch nicht! Was hat dich denn so spät hierherverschlagen?" Sie zieht Rosa in die Wohnung und schließt die Tür hinter ihr ab.

„Hast du etwa Angst vor Einbrechern?"

Esther zieht sie ins Wohnzimmer. „Nicht wirklich. Aber

ich bin wieder mal alleine zu Hause. Meine Mutter ist in Antwerpen."

„Super. Dann können wir Party machen, ich habe in anderthalb Stunden Geburtstag."

Esther sieht sie ungläubig an und lacht. „Rosa? Kannst du mir das jetzt alles mal erklären?"

Rosa schlingt die Arme um Esther und drückt sie. „Ich will alles wiedergutmachen. Esther, bitte, bitte, sei nicht mehr böse auf mich. Verzeihst du mir, dass ich dich so sträflich vernachlässigt habe?"

Esther bricht in Gelächter aus. „Natürlich verzeihe ich dir!"

„Ich bleibe forever deine Freundin. Jedenfalls wenn du das willst."

„Natürlich will ich das, du Pflaume! Aber warum bist du hier? Erzähl!"

„Okay, mache ich. Aber setz dich. Es ist nämlich eine lange Geschichte."

Vater-Mail

Von: Jonas de Leeuw <jdl@xs22.nl>
Gesendet: Samstag, 22. März 19:49
An: Rosa van Dijk <rosa_vandijk@hotmail.com>
Betreff: Der Tag danach

Allerliebstes Rosalein,
wow, was war das für ein Fest! Das Pink Lagoon ist echt super. Viel besser als die Discos bei uns. Ich gehe später auch nach Amsterdam zum Studieren. Carmen hat erzählt, dass ihr euch überlegt, vielleicht zusammenzuziehen. Darf ich auch mit einziehen? Schade, dass Noa nicht da war, ich hätte sie gerne kennengelernt. Ich hoffe wirklich, dass es bald ein bisschen besser läuft zwischen ihr und ihren Eltern. So wie es jetzt ist, geht es einfach nicht weiter.
Jetzt muss ich dir etwas gestehen. Halt dich fest, fall nicht vom Stuhl: Ich habe zum ersten Mal in meinem

Leben einen Jungen geküsst! Ich konnte es dir heute Morgen nicht erzählen, weil immerzu andere Leute dabei waren. Es war der Junge, mit dem ich den ganzen Abend getanzt habe. Der große Junge mit den himmelblauen Augen und den göttlichen braunen Locken.

Ich kann es immer noch nicht glauben! Irgendwann sind wir kurz nach draußen gegangen, um ein bisschen Luft zu schnappen. Wir haben uns eine ganze Weile unterhalten. Er war so nett und sah so gut aus und ich war tierisch nervös! Und dann hat er mich auf einmal geküsst! Ein sehr langer Zungenkuss. Ich dachte, ich werde ohnmächtig, so schön war es.

Er heißt Andreas. Es kommt mir beinahe so vor, als wäre er direkt vom Himmel gefallen, und ich habe heute im Zug schon siebzehn Gedichte für ihn geschrieben.

Wann zieht ihr um? Wann darf ich wieder bei euch übernachten? Zum Glück habe ich seine E-Mail-Adresse und seine Telefonnummer.

Oh, ich bin so wahnsinnig glücklich! Jetzt weiß ich es mit absoluter Sicherheit: Ich bin schwul und ich finde es kein bisschen schlimm! Vor allem, weil meine Eltern Bescheid wissen und ihr Bestes geben, um damit klarzukommen.

Dies ist der erste Tag meines echten Lebens. Oh, Rosa, du ahnst nicht, wie dankbar ich dir bin. Ich bin so was von froh, dass du zu mir nach Hause gekommen bist und dass ich es nicht mehr vor meinen Eltern verheim-

lichen muss und dass du sechzehn geworden bist und ein Superfest im Pink Lagoon gegeben hast.
Ich bin einfach so wahnsinnig froh, dass es dich gibt.

Für immer,
dein Jonas

Von: Rosa van Dijk <rosa_vandijk@hotmail.com>
Gesendet: Samstag, 22. März 21:23
An: Joop van Dijk <jvdijk@fastmail.com>
Betreff: Tochter-Mail

Lieber Papa,
Marieke hat mir gesagt, dass du einen Laptop im Krankenhaus hast. Ab sofort werde ich dich also mit Mails überschwemmen.
Nachdem ich bei euch war, bin ich nicht sofort nach Hause gefahren, sondern erst zu Jonas (von dem Besuch erzähle ich dir später) und dann nach Den Bosch zu Esther. Das war sehr schön, und es war auch dringend nötig, wir waren nämlich ein bisschen verkracht und jetzt ist es wieder gut. Ich bin über Nacht bei ihr geblieben, denn es war schon viel zu spät, um noch nach Amsterdam zu fahren. (Ja, ich habe Mama ordnungsgemäß angerufen.) Morgens um sieben bin ich mit dem Zug nach Hause gefahren. Ich hatte eigentlich vor, den Zug um sechs Uhr zu nehmen, weil ich pünktlich zur Schule wollte. Aber ich

habe ein bisschen verschlafen, weil Esther und ich erst um vier Uhr im Bett waren! Zum Glück hat Mama mir erlaubt, die Schule zu schwänzen, das war echt superlieb von ihr. Ich war total müde, darum bin ich zu Hause sofort wieder ins Bett gekrochen. Als ich wach wurde, war es schon später Nachmittag und Mama war dabei, ein Festmahl vorzubereiten. Sie hatte als Überraschung alle meine Freunde eingeladen! Esther und Jonas, Joya und Carmen (das sind meine Schulfreundinnen), Khalim (der wohnt hier) und Nosie natürlich. Meine Freundin Noa, die auch in meiner Klasse ist, durfte leider nicht kommen, sie hat Stress mit ihren Eltern.
Es war sooo schön! Und weißt du, was ich geschenkt bekommen habe? Von Mama eine richtige Staffelei mit Palette und eine Schachtel Acrylfarben und Pinsel, und von jeder meiner Freundinnen eine weiße Leinwand. Sie wollen nämlich alle ein Porträt von sich haben. Von Nose habe ich sehr schöne, selbst bemalte Bettwäsche bekommen. *Sweet dreams* steht auf dem Bettbezug, drum herum viele Rosen und Herzen. Und auf dem Kissenbezug steht: *Wie überlebe ich ohne dich?* Hihihi.
Apropos Nose: Er ist zur Aufnahmeprüfung an der Rietveld-Akademie eingeladen worden!!! Eigentlich hatten sie ihn schon abgelehnt, aber nur, weil er ihnen seine Graffitis nicht gezeigt hatte, dieser Dödel. Aber dann hat er auf meinen Drängen hin doch noch eine Mail mit Fotos von den Graffitis hingeschickt und die

fanden sie großartig! Nächste Woche findet die Aufnahmeprüfung statt. Spannend!
Von Esther habe ich selbst gemachtes Briefpapier und eine bemalte Tasche gekriegt. Voll cool! Sie ist echt superkreativ! Jonas hat mir eine Gedichtsammlung geschenkt. Und er hatte auch ein Geburtstagsgedicht für mich geschrieben! Nach dem Essen haben wir Reise nach Jerusalem, Plumpssack und Blinde Kuh gespielt, mit Abel, natürlich. Wir lagen alle nach kürzester Zeit am Boden vor Lachen. Und dann kam die nächste Überraschung: Wir durften doch ins Pink Lagoon! (Mama war erst dagegen.) Das Pink Lagoon ist eine ultracoole Disco in Amsterdam. Wir haben fast die ganze Zeit getanzt! Ansonsten lag ziemlich viel Romantik in der Luft!
Khalim hat den ganzen Abend mit Joya getanzt. Er hat auch eine Breakdance-Vorstellung gegeben, zusammen mit seinen Freunden, die auch da waren. Und Carmen, die auch sehr gut tanzen kann, hat mitgemacht. Irgendwann am späten Abend hat sie mit einem Freund von Khalim geknutscht! Und Jonas hat auch geknutscht!
So, jetzt bist du wieder ein bisschen im Bilde. Ich krieche jetzt unter mein neues Nosie-Deckbett, ich bin nämlich total alle. Ich sage dir lieber nicht, wann wir zu Hause waren. Auf jeden Fall sind wir mit dem Taxi zurückgefahren, du brauchst dir also keine Sorgen zu machen. Eltern machen sich immer so viele Gedanken! Ist natürlich total unnötig, denn mit sechzehn kommt

man schon ganz gut alleine zurecht. Was natürlich nicht heißt, dass man seine Eltern deshalb nicht mehr braucht.

Bis morgen, lieber Paps!
Deine Rosa

Von: Joop van Dijk <jvdijk@fastmail.nl>
Gesendet: Sonntag, 23. März 08:05
An: Rosa van Dijk <rosa_vandijk@hotmail.com>
Betreff: Vater-Mail

Liebe Rosa,
ich habe Marieke tatsächlich (mit viel Mühe) dazu gebracht, meinen Laptop herzubringen. Ich habe ihr versprechen müssen, dass ich ihn nur für vergnügliche Dinge benutze. Ich habe auch wirklich nicht vor zu arbeiten. Ich habe meine Lektion gelernt. Mir ist jetzt erst klar geworden, dass es eine Flucht von mir war, mich so in die Arbeit zu stürzen. Eine Flucht, um schmerzhafte und schwierige Dinge nicht fühlen zu müssen.
Liebe Rosa, die richtigen Worte zu finden, fällt mir schwer, aber ich möchte dir sagen, dass ich schrecklich froh bin, dass du gekommen bist. Es macht mich total glücklich, dass zwischen uns wieder alles in Ordnung ist. Ich lasse nie mehr etwas zwischen uns kommen. Du bist mir sehr wichtig.

Nach der Scheidung hatte ich das Gefühl, als wäre mein Herz von einer Eisschicht überzogen.
Jetzt ist das Eis wieder geschmolzen.
Ich danke dir dafür.

Alles Liebe von deinem Vater

PS: Du kriegst von mir natürlich auch noch ein Geburtstagsgeschenk. Hättest du Lust, einen Zeichenkurs zu belegen? Zur Vorbereitung auf die Kunstakademie?

Francine Oomen wurde 1960 in Laren (Niederlande) als ältestes von fünf Kindern geboren. Drei Leidenschaften begleiten sie seit ihrer Kindheit: Zeichnen, Lesen und natürlich Schreiben. Als gelernte Industriedesignerin entwickelte sie zunächst Pappbilderbücher, bevor sie dazu überging, Bücher für ältere Kinder zu illustrieren und vor allem zu schreiben. Mittlerweile zählt sie zu den beliebtesten Kinderbuchautorinnen in den Niederlanden und ihre Serie „Wie überlebe ich …“ ist dort ebenso populär wie Harry Potter. Francine Oomen wurde für ihre Bücher mehrfach ausgezeichnet.

Ravensburger Bücher Absolut lesenswert!

Herzschmerz und Schmetterlinge

Francine Oomen

Rosas schlimmste Jahre – Band 6
Wie überlebe ich ohne Liebe?

Rosa hat den schlimmsten Liebeskummer der Welt. Bis vor Kurzem dachte sie noch, sie hätte den tollsten Freund der Welt. Leider ist der tollste Freund der Welt in Wirklichkeit ein Lügner und trifft sich heimlich mit irgendwelchen anderen Mädchen. Am liebsten würde Rosa auf der Stelle mit Vincent Schluss machen. Blöderweise zerspringt ihr schon allein beim Gedanken daran das Herz ...

ISBN 978-3-473-**35311**-8

Ravensburger

www.ravensburger.de

HC_09_078

Ravensburger Bücher Absolut lesenswert!

Sonne, Strand & Liebeskummer

Francine Oomen

Rosas schlimmste Jahre – Band 7
Wie überlebe ich ohne meine Freunde?

Rosa ist schon gefühlte neunhundertvierundfünfzig Mal umgezogen. Sie weiß todsicher, dass sie beim Anblick des nächsten Umzugkartons ins Koma fallen wird. Doch ihre Mutter schreckt das offensichtlich gar nicht. Sie hat soeben seelenruhig das schöne Haus verkauft! Und Rosas Freund Nose studiert lieber zusammen mit einem Mädchen namens Julia in Rotterdam, statt zu Rosa nach Amsterdam zu ziehen. Rosa ist reif für die Sommerferien!

ISBN 978-3-473-**35317**-0

HC_09_116

www.ravensburger.de

Ravensburger

Ravensburger Bücher

Er liebt mich, er liebt mich nicht ...

Francine Oomen

Rosas schlimmste Jahre – Band 8
Wie überlebe ich meinen Freund (und er mich)?

Rosa ist megaglücklich. Ihr Freund Nose hat jetzt nämlich eine eigene Wohnung – ganz für sich allein! Na ja, fast. Staubmonster, Stinkesocken und leere Pizzakartons leisten ihm Gesellschaft. Aber wenigstens funkt ihnen hier Rosas Mutter nicht andauernd dazwischen. Noch glücklicher wäre Rosa allerdings, wenn nicht ständig diese blöde, wunderschöne Julia in Nose Nähe auftauchen würde ...

ISBN 978-3-473-**35326**-2

Ravensburger

www.ravensburger.de

HC_10_076

Leseprobe aus
„Wie überlebe ich ohne Liebe?“
(Rosas schlimmste Jahre, Band 6)
von Francine Oomen
ISBN 978-3-473-35311-8

Von: Rosa van Dijk <rosa_vandijk@hotmail.com>
Gesendet: Dienstag, 14. April 23:02
An: Jonas de Leeuw <jdl@xs22.nl>
Betreff: Danger, danger!

Lieber Jonas,
ich sitze am offenen Fenster in meinem Zimmer. Draußen ist es warm. Es ist fast wie im Sommer, obwohl erst Frühling ist. Die Lichter der Häuser gegenüber spiegeln sich im schwarzen Wasser der Gracht, und in dem Baum vor unserem Haus singt sich eine Amsel selber das Schlaflied. In der Ferne schlagen die Glocken des Westerturms elf Uhr. Musik klingt von einem Fenster ein paar Häuser weiter zu mir herüber. Abelchen schläft wie ein Murmeltier und meine Mutter sitzt in ihrem Zimmer am Computer. Alles sehr friedlich. Aber in mir drin sieht es überhaupt nicht so aus. In mir drin bin ich nörgelig und quengelig und motzig.

Und wütend und unzufrieden. Ich habe Lust, ganz laut aus dem Fenster zu brüllen und etwas rauszuschmeißen. Was hältst du von einem Blumentopf auf einen ahnungslosen Fußgänger? Oder soll ich meine Schulbücher eins nach dem anderen mit Schwung in die Gracht pfeffern? Würde ich mich dann besser fühlen? Hmpf! Grrr! Auf niemanden ist Verlass, und das macht mich rasend.

Das hier ist meine Wutliste:

1. Mein Vater wollte mit mir in den nächsten Ferien nach New York fliegen.
Fällt aus. (Ich bin wütend und enttäuscht.)
2. Nose wollte dieses Wochenende kommen.
Fällt aus. (Wir hatten einen Riesenkrach.)
3. Mama wollte heute Abend Lasagne machen, mein Lieblingsessen.
Fiel aus. (Schmoll, schmoll!)
4. Als ich mit dem Kopf voller Shampoo unter der Dusche stand, wurde das Wasser kalt. (Aaargh!)
5. Als ich fertig gekreischt hatte, wollte ich ein Stück Schokolade essen, um mich aufzuheitern, und was glaubst du? Genau! Die Schokolade war verschwunden und im ganzen Haus gab es nichts Süßes. (Aaaaaaaaaa aaaaaaaaaaaaaaargh!)

Grr, grrr! GRRRRRRR!

Und das ist noch längst nicht alles. Ich könnte noch mindestens fünf weitere Punkte aufzählen. Ach was, fünf? Fünftausend!

Zum Beispiel meinen Schulweg. Ja, ich weiß, als wir

umgezogen sind, habe ich mich selbst dafür entschieden, auf meiner alten Schule zu bleiben, aber es ist schon ziemlich stressig.
Ich muss jeden Tag eine Stunde früher aufstehen und bin fast eine Stunde später zu Hause. Zwei Stunden von meiner kostbaren Zeit! Ich brauche zehn Minuten mit dem Fahrrad zum Bahnhof. Dann stopfe ich mein Rad in den proppenvollen Zug. (Dafür muss ich meistens ein paar Mitreisende rausschmeißen.) Anschließend muss ich mich irrsinnig zusammenreißen, um mich eine halbe Stunde wach zu halten. (Einmal bin ich eingeschlafen und erst an der Endstation wieder aufgewacht.) Dann muss ich mein Fahrrad wieder aus dem Zug wuchten, was auch nicht einfach ist. (Ich bin schon ein paarmal zwischen den Türen eingeklemmt gewesen.) Und dann muss ich noch zehn Minuten zur Schule radeln. Stöhn.
Aber es ist nur noch für ein Jahr und zum Glück ist es mit meinen Freundinnen richtig schön. Die meisten Lehrer sind auch ganz okay (na ja, so wie Lehrer okay sein können ...) und das Ganze ist immer noch besser, als schon wieder die Schule zu wechseln. Das wäre dann meine dritte Schule in kürzester Zeit!
Wir machen uns große Sorgen um Noa, sie schwänzt in letzter Zeit ziemlich oft. Das macht sie, weil es die einzige Möglichkeit ist, ihren Freund Samuel zu treffen. Irgendwann wird sie garantiert erwischt und dann sitzt sie richtig in der Tinte. Aber zumindest sieht sie ihren Freund regelmäßig. Das kann ich von mir nicht gerade behaupten.

Ich glaube, es ist mein Schicksal, immer nur Internetbeziehungen zu führen und den blöden Computer abknutschen zu müssen.
Wie läuft es eigentlich mit Andreas? Mailt ihr euch oft? Hat dich deine Telefonrechnung schon ruiniert? Hast du schon viele Liebesgedichte geschrieben?
He, warum kommst du in den Ferien nicht ein paar Tage zu uns? Das wäre doch toll! Dann könntest du auch mein Zimmer sehen, das ist richtig schön geworden. Ich habe das alte Doppelbett von meiner Mutter gekriegt. Wenn Joya und/oder Carmen hier übernachten, liegen wir alle zusammen darin. Carmen schnarcht wie ein altes Nilpferd und Joya redet im Schlaf und tritt um sich, aber davon abgesehen ist es sehr lustig.
Hast du vielleicht ein paar Survival-Tipps für mich, die mich aufheitern? Möglichst kalorienarm, denn wenn ich mich schlecht fühle, greife ich immer zur Schokolade oder stopfe eine Tüte Lakritze, Kekse oder Chips in mich rein. Danach bereue ich es und habe noch schlechtere Laune.
Motz, motz, jammer, jammer, mecker, stöhn: Ich will Nosie, ich will leckere Lasagne, ich will mit meinem Papi nach New York, ich will, dass schon Ferien sind, ich ...
Ups, grad ist meine Mutter wie ein wütender Stier in mein Zimmer gestürmt.
„Rosa, bist du immer noch nicht im Bett? Es ist schon furchtbar spät! Was ist in der Küche passiert? Es sieht aus, als wäre eine Bombe eingeschlagen! Deine Musik

ist zu laut, gleich wird Abel wach, und vor dem Haus liegt ein bewusstloser Mann! Und gehören die Bücher, die in der Gracht treiben, dir? Sitzt du etwa immer noch am Computer? Was machst du denn da, um Himmels willen?"
„Hausaufgaben, Mama", habe ich mit Unschuldsmiene geantwortet.
Ich muss jetzt also leider Schluss machen.

Viele liebe Grüße von Rosa Meckerziege

Rosa schlurft in die Küche, dicht gefolgt von ihrer Mutter.

„Muss ich so spät noch aufräumen? Ich finde, das ist Kinderquälerei."

„Es ist mir ganz egal, wie du das findest. Du glaubst doch wohl nicht, dass ich dir die ganze Zeit hinterherräume!"

„So schlimm ist es doch gar nicht. Du übertreibst, wie immer."

„Werd bloß nicht unverschämt, junge Dame. Ich kann es dir gern aufzählen: Ich sehe einen platt getretenen Joghurtbecher, ein Glas Vanillepudding, ein Päckchen Schokostreusel, eine Dose mit Aufschnitt, eine ganze Ladung Krümel, eine leere Müslipackung, Butter, eine angebrannte Pfanne, zwei Teller, zwei Messer und drei leere Gläser. Vor einer Stunde war die Spüle noch ganz sauber! Kannst du mir das erklären?"

„Ich hatte einfach noch mal Hunger. Das kommt davon, wenn einem die eigene Mutter keine anständige warme Mahlzeit kocht."

„Jetzt hör aber mal auf! Ich habe den ganzen Tag gearbeitet, da habe ich keine Kraft mehr, für dich die Küchenfee zu spielen."

„Ich kann keine Tiefkühlpizza mehr sehen", meckert Rosa und pfeffert den Joghurtbecher in den Mülleimer. Joghurtreste spritzen an die Wand. „Mist!", brüllt sie und stampft mit dem Fuß auf. Sie hält einen Lappen unter den Wasserhahn, aber sie dreht ihn zu weit auf, sodass sie von oben bis unten nass gespritzt wird. Sie schmeißt den Lappen auf den Boden und trampelt darauf herum. „Blöder dämlicher Pestbeulenlappen!"

Ihre Mutter muss lachen. „Hilfe, was ist denn mit dir los?"

„Lach mich nicht aus!", ruft Rosa mit Tränen in den Augen.

„Ich lache dich nicht aus, Schatz." Rosas Mutter hebt den Lappen auf, wringt ihn aus und wischt die Tropfen von der Wand. „Warum hast du so schlechte Laune, Rosa? Ist in der Schule irgendwas passiert?"

„Nein." Rosa öffnet die Spülmaschine und zieht so heftig an dem Schuber, dass er beinahe herausfällt.

„He, du sollst aufräumen, nicht randalieren! Jetzt setz dich mal hin, ich mach das schon."

Ihre Mutter versucht einen Arm um sie zu legen, aber Rosa schüttelt ihn ab und räumt die Spülmaschine dickköpfig weiter ein.

„Möchtest du eine Tasse Tee?"

„Nein, dann muss ich nachts ständig aufs Klo."

Rosa beißt sich auf die Lippen, um nicht loszuheulen. Ihre Mutter zieht sie an sich.

„Also gut … meinetwegen.“ Rosa schnieft und lässt sich auf einen Stuhl fallen. Sie reibt sich die Augen.

Ihre Mutter füllt den Wasserkocher und bereitet die Teekanne vor.

Rosa versetzt dem Tischbein einen Tritt. „Nose kommt am Wochenende nicht und wir haben uns am Telefon ganz schrecklich gestritten.“

„Oh, jetzt verstehe ich. Warum kommt er nicht?“

„Angeblich krank. Aber das ist er schon seit Wochen. Er fühlt sich zu schlapp und zu müde, um nach Amsterdam zu fahren. Ich glaube ihm kein Wort.“

„Was glaubst du denn dann?“ Rosas Mutter stellt Tassen auf den Tisch und setzt sich neben sie.

„Dass er die Nase voll von mir hat.“

„Blödsinn. Bestimmt ist er wirklich krank.“

„Pfff, so lange? Ich glaube eher, er hat keine Lust mehr zu kommen und traut sich bloß nicht, es zu sagen.“

„Ach was! So ist Vincent nicht.“

„Aber er hockt da in Groningen und ich hocke hier. Weißt du denn, was er da treibt? Ich nicht. Und Nose sieht supergut aus. Er kann jede kriegen, wenn er will!“ Rosa schlägt auf den Tisch und legt den Kopf auf die Arme.

„Psst, kleiner Hitzkopf, du machst gleich noch Abel wach.“

„Ich bin kein kleiner Hitzkopf! Ich bin ein Vulkan, der kurz vorm Ausbruch steht! Ich bin ein blödes Schaf, das sich für dumm verkaufen lässt.“

„Du bist ein unsicheres Küken.“

„Ja, und du die dicke Glucke!“ Rosa muss grinsen.

„Dick?“

„Nein, war ein Witz."

„Oh, ha ha. Sehr lustig. Sag mal, hat Vincent eigentlich schon was von seiner Zulassungsprüfung an der Rietveld-Akademie gehört?"

„Immer noch nicht, das finde ich auch ziemlich seltsam. Vielleicht geht er zum Studium nach Rotterdam, dann sehen wir uns nie wieder!" Rosa wird panisch.

„Schatz, es ist spät und du bist müde. Entspann dich. Vertrau darauf, dass alles gut wird."

Rosas Mutter steht auf und gießt das kochende Wasser in die Teekanne.

„Aber das ist ja genau der Punkt: Das kann ich nicht! Ich halte es nicht aus, wenn die Dinge nicht so laufen, wie ich will!" Rosa stampft wieder mit dem Fuß auf und knallt dabei mit dem Knie gegen den Tisch. „Au!"

„Beruhig dich, Kind! Dir kommt ja schon Dampf aus den Ohren. Ich höre es zischen." Ihre Mutter stellt Rosa eine Tasse Tee hin. „Weißt du, was meine Großmutter immer gesagt hat?"

„Nein, woher soll ich das wissen? Sie ist schon seit Ewigkeiten tot."

„Sie hat immer gesagt: Geht es nicht so, wie es müsste, muss es eben so gehen."

„Ja, großartig! Und weißt du, was ich immer sage? Es muss genau so laufen, wie ich will!" Rosa springt auf und zieht eine Schublade auf. „Sag mal, wir hatten doch noch irgendwo Schokolade. Die hast du bestimmt aufgegessen, oder?"

„Nein, ich habe sie vor Abel versteckt. Vor dem ist nichts mehr sicher." Rosas Mutter öffnet einen Küchenschrank und stellt sich auf die Zehenspitzen. „Hier, aber nur ein kleines Stück. Naschen am Abend macht dick."

„Findest du mich denn dick?", fragt Rosa und zieht ihr T-Shirt hoch, um ihren Bauch zu betrachten. Sie kneift hinein. „Das ist es! Ich bin zu dick. Ich bin ein dickes, fettes Schwein. Ich bin Miss Piggy! Kein Wunder, dass Nose genug von mir hat. Ich muss Sport machen und eine Diät, ich ..."

„Rosa, jetzt hör bitte auf, du weißt ja nicht mehr, was du redest! So habe ich das nicht gemeint. Die Sache mit dem Naschen habe ich gerade mal wieder in einer Zeitschrift gelesen."

„Du wirst auch langsam so ein Gesundheitsfreak wie Affenarsch einer war. Mit seinen Buchweizenburgern, seiner Brennnesselsuppe und seinem Recycling-Klopapier. Das hätte man genauso gut als Schleifpapier benutzen können." Rosa bricht ein großes Stück Schokolade ab und steckt es sich in den Mund. „Ich jedenfalls habe zufällig gerade gelesen, dass Schokolade Stoffe enthält, von denen man gute Laune kriegt. Wissenschaftlich bewiesen! Also solltest du dafür sorgen, dass immer ein großer Vorrat im Haus ist."

Ihre Mutter starrt vor sich hin. „Alex hatte auch seine guten Seiten."

„Ja, vielleicht, die müssen mir dann bloß irgendwie entgangen sein. Wie hast du dich nur je in diesen Typ verlieben können! Und danach das grässliche Hängebauchschwein und ..."

Als Rosa in das betrübte Gesicht ihrer Mutter sieht, hält sie mitten im Satz inne. Sie holt tief Luft. „Tut mir leid, dass ich so gemein bin, Mama. Das kommt von meiner Saulaune. Und außerdem kriege ich meine Tage, glaube ich. Vermisst du Affen... äh, Alexander etwa immer noch?"

„Ja, hin und wieder. Ich denke oft an ihn. An ihn, so wie er am Anfang war."

Rosas Mutter seufzt tief und trinkt einen Schluck Tee. „Ich fühle mich manchmal schon ein bisschen einsam."

„Aber du hast doch Abel Sabbelkrabbe und mich!"

„Ja, Schatz, natürlich, aber das ist doch was anderes. Und Abel wächst ohne Vater auf ..."

„Aber er hat uns!"

„... und ich bin schon über vierzig ... Wer will mich denn noch? Ich kriege Falten, ich gehe in die Breite ... Vielleicht finde ich nie mehr jemanden!"

„Aha, jetzt kapiere ich, warum du diese blöden Diätartikel gelesen hast. Hör bloß auf mit dem Quatsch, du siehst toll aus!"

„Hättest du denn nicht gerne einen neuen Vater, Rosa?"

„Bitte nicht! Ich habe einen Vater. Und der reicht mir vollkommen! Warum genügen wir dir denn bloß nicht? Wir haben es doch schön zusammen. Wenn einer dazukommt, stört das nur."

Ihre Mutter seufzt und steht auf. „Gehst du jetzt bitte ins Bett? Ich muss noch ein bisschen arbeiten."

„So spät noch? Du sitzt in letzter Zeit ziemlich viel am Computer."

Zu ihrer Überraschung sieht Rosa, dass ihre Mutter rot wird. „Ja, stimmt. Ich ... ich muss recherchieren, das kostet viel Zeit."

Rosa folgt ihrer Mutter ins Schlafzimmer und lässt sich dort aufs Bett fallen.

„Hey, Rosa, habe ich nicht gesagt, dass du ins Bett gehen sollst? Weißt du eigentlich, wie spät es ist?"

Rosa sieht auf die Uhr. „Grad mal halb zwölf. Ich hab morgen erst zur zweiten Stunde. Ich will noch ein bisschen mit dir reden."

„Na schön." Rosas Mutter klappt ihren Laptop zu und geht zum Kleiderschrank. „Dann kannst du mich gleich beraten." Sie zieht ein Kleid aus dem Schrank und hält es sich an. „Findest du das noch okay?"

„Ja klar, absolut!"

„Echt?"

Rosa nickt. „Als Putzlappen."

Ihre Mutter lacht und wirft das Kleid aufs Bett. „Und diesen Pulli?" Sie zieht ihre Bluse aus und mustert sich mit eingezogenem Bauch und vorgestreckter Brust im Spiegel. „Oh, den BH kann ich auch nicht mehr tragen", murmelt sie. „Der ist noch aus dem letzten Jahrhundert. Findest du mich zu dick, Rosa?"

„Nein, Quatsch, für eine mittelalterliche Frau mit zwei Kindern bist du ganz passabel."

„Mittelalterlich? So alt bin ich noch nicht."

„War doch bloß ein Scherz! Wer von uns ist denn jetzt das unsichere Küken?"

„Glucke."

Rosas Mutter betrachtet sich von hinten und kneift sich in die Hüften. „Oh! Schwabbelhintern, Cellulitis, Krampfadern, ich muss etwas dagegen unternehmen!" Sie beugt sich zum Spiegel vor und zieht ihre Haut mit den Fingern straff. „So sehe ich gleich viel jünger aus."

„Mama, lass den Unsinn!"

„Ein bisschen Botox hier, Facelifting, Fettabsaugen, neue Brüste ..."

„Ja, und vergiss nicht das neue Gehirn. Ich glaube nämlich, du wirst ein bisschen vergesslich. Wer hat denn immer gelästert, wenn andere Leute so reden? Erinnerst du dich noch?"

„Du hast Recht. Ich habe mich gerade gehen lassen."

Rosa legt sich auf den Rücken und streckt die Beine in die Luft.

„Du, Mama, kann Jonas in den Ferien ein paar Tage herkommen?"

„Natürlich! Aber wolltest du nicht mit deinem Vater nach New York fliegen?"

„Eher nicht."

„Nicht?"

„Nein, es klappt nicht. Das ist der andere Grund, warum ich so miese Laune habe. Echt bescheuert!" Rosa lässt die Beine wieder aufs Bett fallen.

„Warum fliegt ihr nicht? Lass mich raten: Er ist beruflich unentbehrlich."

Rosa nickt mit düsterer Miene. „Wie immer."

„Tja ... dein Vater ist ein Arbeitstier. Immer gewesen."

„Ich finde das total daneben. Nach seinem Herzinfarkt hat er gesagt, dass er sein Leben verändern will. Aber ich merke nichts davon. Er arbeitet genauso hart wie vorher."

„Aber ein bisschen was hat sich doch verändert. Du hast wieder regelmäßig Kontakt mit ihm. Und du hast auch schon einmal bei ihm übernachtet."

„Das war nicht so toll. Er hat die ganze Zeit gearbeitet und Marieke hat ständig an ihm rumgemeckert. Und sie haben sich sogar gestritten. Ich habe es gehört, als ich im Bett lag."

„Sie macht sich vermutlich Sorgen um ihn."

„Ja, aber er hört nicht auf sie."

„Joop hört auf niemanden, nicht mal auf seinen eigenen Körper."

„Warum eigentlich nicht?"

Rosas Mutter setzt sich mit einer Bluse in der Hand aufs Bett. In Gedanken versunken streicht sie über den Stoff. „Weißt du, Rosa, manche Leute versuchen sich mit Alkohol oder anderen Drogen zu betäuben, andere flüchten sich in die Arbeit. Und das hat dein Vater getan."

„Er ist vor seinen Gefühlen geflohen, ich weiß, das hat er mir gesagt."

Rosas Mutter stößt einen tiefen Seufzer aus. „Ja. Und früher auch vor meinen."

„Vor deinen?"

Rosas Mutter nickt. „In jeder Beziehung gibt es Phasen, in denen es etwas weniger gut läuft. Dann gibt es zwei Möglichkeiten: Man kann daran arbeiten und man kann davor weglaufen. Wenn man davor wegläuft, geht es nach einer Weile vielleicht wieder etwas besser, aber es ist nichts geklärt. Darum kommen die Probleme irgendwann mit voller Wucht zurück. Wenn zwei Menschen gemeinsam ein Problem gelöst haben, rücken sie vielleicht wieder näher zusammen, aber wenn sie das nicht tun, treiben sie voneinander weg. So war es bei uns. Dein Vater konnte und kann nicht gut über seine Gefühle sprechen. Und je mehr ich versucht habe, etwas aus ihm rauszukriegen, desto verschlossener wurde er und desto mehr hat er sich in seine

Arbeit geflüchtet. Und schließlich ist er zu einer anderen geflüchtet."

Rosa richtet sich auf. „Wie meinst du das?"

Rosas Mutter sieht sie traurig an. „Bevor wir uns getrennt haben, hatte dein Vater schon über ein Jahr lang eine Affäre mit Marieke."

„Das ist nicht dein Ernst! Und du hast das gewusst?"

Rosas Mutter schüttelt den Kopf. „Ja und nein. Er hat nichts gesagt und ich wollte es nicht wissen."

„Warum wolltest du es nicht wissen?"

„Ich habe gehofft, dass es nur eine Phase ist. Dass es vorübergehen würde. Ich wollte ihn nicht verlieren, trotz allem, auch deinetwegen ... und wegen der Leute. Wenn ich jetzt daran zurückdenke, verstehe ich mich selbst nicht mehr. Menschen machen oft seltsame Sachen, Rosa. Und sie spinnen sich im Kopf die komischsten Dinge zusammen."

„Das heißt ... er war mit Marieke zusammen, bevor du Alexander kennengelernt hast?"

Rosas Mutter nickt.

Rosa boxt in die Matratze und ruft empört: „Und warum erzählst du mir das erst jetzt? Ich habe immer gedacht, dass du Papa wegen Alexander Affenarsch verlassen hast!"

„Rosa, es war so eine schwierige und komplizierte Zeit. Ich hatte so viel mit mir selbst zu tun. Vielleicht hätte ich es dir eher erzählen sollen, aber du warst damals erst zehn Jahre alt. Du hättest das nicht verstanden."

„Und ob! Natürlich! Ich bin doch nicht doof!" Rosa starrt vor sich hin und kann nicht fassen, was sie gerade erfahren hat. „Meine Güte! Papa hat dich betrogen! Wie fies!“

Rosas Mutter streicht ihr übers Haar. „Rosa, an dieser Geschichte ist nicht nur dein Vater schuld. Ich habe auch meinen Teil dazu beigetragen.“

„Du hättest mir das erzählen müssen!“

„Ich wollte dich nicht damit belasten.“

„Ja, das verstehe ich“, sagt Rosa. „Aber ich hätte alles viel besser verstanden, wenn du mir das eher erzählt hättest, Mama. Ich war immer so wütend auf Alexander, weil ich dachte, dass er der Grund dafür ist, dass Papa und du euch getrennt habt.“

„Hast du das wirklich gedacht?“ Rosas Mutter schießen Tränen in die Augen.

„Ja, habe ich. Und darum habe ich ihn gehasst. Oh Mann, und jetzt ist Alexander tot.“

„Ja ... aber das ist nicht deine Schuld, Rosa.“

Rosa lässt sich wieder nach hinten fallen, greift nach dem Kissen ihrer Mutter und drückt es sich vors Gesicht.

„Uwachsekeesichanzönwermache.“

„Was sagst du?“

„Erwachsene können es sich ganz schön schwer machen.“

„Ja, und das Verrückte ist, dass alle im Grunde nur auf der Suche nach sich selbst sind. Nach Liebe. Danach, geliebt zu werden.“

Rosa richtet sich auf und schlingt ihrer Mutter die Arme um den Hals. „Ich hab dich lieb, Mama. Ehrlich. Auch wenn du manchmal komische Sachen machst.“